新指導要領 必須事項 が身につく！

社会科の授業設計

楽しい！ 面白い！ 調べ活動のヒント100

川原雅樹 著

☀ 学芸みらい社
GAKUGEI MIRAISHA

まえがき

　教育大学で社会科を専攻しました。

　同じ大学に岩田一彦氏がいらっしゃいました。

　真面目に授業を受けた記憶がありませんでしたが、昔から歴史や法律が好きで、結構その教科にはのめり込んだ記憶があります。

　卒業してすぐ、臨時講師で谷和樹氏と同じ学校になりました。

　その学校は社会科を研究していました。

　岩田一彦氏が指導に入られていました。

　岩田氏の話や理論がとても面白く、更に、谷氏をはじめ学校の先生方がとても熱心で、私自身初めて社会科教育に興味を持ちました。

　そこから、社会科の実践にのめり込みました。

　はじめは、教育技術の法則化運動でした。

　感動したのは有田和正氏の沖縄の授業「曲がったサトウキビ」でした。

　有田学級みたいに追究の鬼が作りたい。

　有田氏みたいなユーモアあふれる授業がしたい。

　有田氏みたいな資料を発掘したい。

　ずっと追い続けました。

　同時に、法則化サークルにも入りました。

　そこで、法則化のみならず、様々な実践家を知りました。

　当時流行っていた「提案する社会科」の小西政雄氏。

　教科研の築地久子氏。

　さらには初志の会、歴史教育者協議会、仮説実験授業、新しい歴史教科書を作る会……etc。

　多くの社会科の本を読みあさり実践しました。

　そんな中、驚いた実践が向山洋一氏の「地球の歴史」でした。

　元実践は教科研の臼井春男氏と久津見宣子氏のお話中心の授業でした。

　元実践ももちろんすごいのですが、それを「発問・指示」として単元を構成したのが向山洋一氏でした。

以下が、その流れです。

1　初めて上陸した生物は植物か動物か
2　両生類よりは虫類が高級なのはなぜか
3　は虫類より哺乳類が高級なのはなぜか
4　コケ類→シダ植物→裸子植物→被子植物の変化
5　恐竜はなぜ滅んだか

このすごさがわかったのは、実はつい最近のことです。

教材研究の深さ、そしてそれをプレゼンではなく、見事授業に組み立てた点。

両実践を深く比較して初めてそのすごさを改めて納得しました。

戦後、様々な社会科教育が実践されました。

現在は、ＡＩが人間を超える日「シンギュラリティ」を目前にし、未来を創る社会科教育を目指さなければいけません。

そこで出てきたのが「アクティブ・ラーニング」であり「主体的・対話的で深い学び」です。

向山洋一氏はこれを「討論の授業」と呼びました。

大いに賛同しました。

それを物語っているのが「地球の歴史」の授業だと私自身は思っています。

向山氏がなぜこのような発問を思いつくのか。

向山氏ご自身は「先に子供の活動がイメージできるから」とお話されていました。

（文責は川原）

　理屈ではなく、子供の事実。教材研究の深さ。子供が考えたくなる発問。

最終的にこの３つが揃うのは、私の中では向山洋一氏の実践だけでした。

以降、向山氏の社会科の研究に没頭しました。

本書ではわずかではありますが、その一端を紹介したつもりです。

新しい社会を創るため、子供の未来を創るため

向山型社会を世に広めるため、本書を世に送ります。

2019年11月17日

川原雅樹

目次

第Ⅳ章
歴史授業の設計を考える ‥‥‥‥‥‥‥ 63

第Ⅴ章
子どもを調べ学習に誘うSTEP7 ‥‥‥‥‥‥‥ 69

第Ⅵ章
考える発問づくりのヒント7 ‥‥‥‥‥‥‥ 73

付章　プロを目指す社会科教師へ―水先案内ページ

① 向山型社会５原則と新時代の要請
資料を通して発問・指示、討論、調べ学習へのステップ

　1999年10月30日第１回法則化社会全国大会にて向山洋一氏は「向山型社会４原則と一つの方向」を講演の中で示した。

　　１　実証主義（事実で語る）
　　２　人間主義（人の生き方）
　　３　日本主義（日本人の気概）
　　４　未来主義（明るい展望）
　　　☆これらを授業の中で行っていく

（以下講演記録より引用　Noは川原）

１　実証主義（事実で語る）

　第一は、いくつか原則がございますが、徹底した実証主義に基づく授業であるということです。その事実が表面的なことではなく、つっこんだ上で、いろいろなことも調べた上でそういった実証に堪えられるもの、事実に堪えられるもの、そういったことを基盤とした社会科教育をしていただきたいと思っております。

２　人間主義（人の生き方）

　第二は人間主義、とでも申しましょうか。それぞれの人の生き方。それはもちろん歴史上に名をとどめたい人もいるでしょう。そうでない人もいるでしょう。メタルカラーの時代というのは、日本で現在ある中小企業のたくさんの人々が努力の結果、世界最高峰の技術水準を作り上げたのです。

　NASAから日本の蒲田の工場に発注がくるという信じられないようなことを起こすまでの結果をもたらしております。

　そういった、人間にあくまでこだわり、そこの中で生きてきた人のことを、人々のことを大切にしていただきたいと思うのであります。

３　日本主義（日本人の気概）

　そして、３つめが日本主義とでもいいましょうか。私たちは日本の教師なので

すから、日本人の立場に立ち、日本人のことを温かく見る。まずそういった視点を貫いていただきたいのです。

　私は教師になって何度も何度もたくさんの親たちに言われました。「なんで日本の歴史の勉強をすると、日本を嫌いになるのですか」「日本に生まれてこなきゃよかった。日本が嫌いになった」

　日本の教師が日本の子どもに教えて、こんな馬鹿な話はないでしょう。日本の教師が日本の子どもに教えるとき、日本の国というのは素晴らしい国だったと思うようになったのは当然の話です。

　もちろん間違いは間違い、失敗は失敗。それは素直に話し、教えるべきでしょう。しかし、そのことを過度に重視するあまり、嫌いになったなどと、そんなことを言わしめるような日本の教育がある。日本の大切な子どもたちを預かる教師がやっていい授業であるはずがありません。やはり、日本が好きになるように、言わば、日本を大事にするような、そういった中身であってほしいと思うのです。

4　未来主義（明るい展望）

　そして、最後4つめが、未来主義とでも申しましょうか。子どもたちが来たるべき20年、30年、40年後に突き当たるかもしれない問題を今の段階から授業していくのです。その中で基礎的な事実、そういったことについて授業の中でかけていくのです。

5　授業主義（教育としての授業）

　もう一つ、もしかしてもう一つをつけるというのなら、私たちは、それを教育という中で行っていきます。教育として授業として行っていきたいのです。決して、政治家が多くの人をアジるような説得するような、そういうことではなく、授業という形の中で、あくまで事実を伝えるのです。

　そして、それを受けた子どもたちが、賛成であり、反対であり、ほかの方向を向く、そんなの当たり前の話です。そういったことでありたいというふうに思います。

....

　第一の実証主義「何が事実なのか」は、情報があふれている今だからこそ、社会科教育として最も重要なことである。

　様々な思想があふれ、価値観があふれる中、具体的なエビデンスをとり、授業として行う。決して単なる教師の主張ではなく、事実を調べ、それを提示する、これが第一の原則である。

第二原則の「人間」。社会科は人間が行ってきたことを学問とする社会科学である。そこから原因と結果を導き出すことが、社会科の本質であり、原因と結果を理解することこそが、社会科を理解することであると言っても過言ではない。

もっと簡単に言うと、教科書の中でも「○○さんの話」として「人の姿」はコラムなどによく載っている。これらを続けて読んでいくだけでも、社会科の理解につながる。

実際に出かけていってその人の話を聞く、これもまた社会科の昔からの基本であった。

更に2020年度から始まる新しい「学習指導要領」の大きなテーマの一つはＡＩ（人工知能）。ＡＩではなく、人間にしかできないこと、その基本は社会科で人間の行いを授業していくことでもある。

第三の日本主義。これも向山氏の言う通りだ。筆者自身、新任から数年間は日本が嫌いになるような社会科をしていた。日教組が開発したプロパガンダの南京大虐殺の写真を子どもたちに見せ「何て日本人はひどいことをしたのだろう」と煽った。

しかし事実を調べれば調べるほど、自分の過ちを知り落ち込んだ。ある日、他の学年の子どもたちが「日の丸の赤は血の色だから嫌い」と大きな声で話していたのを聞いた。当時は卒業式などでの日の丸論争のまっただ中だった。そんな頃から「何かがおかしい」と感じ始めた。日本の立場で日本のことを正しく教えることが重要だ。

そして第四の未来主義。まさに新指導要領そのものである。変化の激しい現在、現行の指導要領の内容のように産業は「第一次、二次……」等ではくくれなくなった。ドローン、自動運転など、従来の単元とも合わなくなってきた。例えば「インターネットの授業」などは、以前から向山氏は未来を見据えた授業をしてきた。

現在の教師だからこそ「未来」を見据えた授業がしたい。

社会科の授業は次で成り立つ。

1　資料提示

2　資料からの思考

3　発問・指示

4　調べ学習

5　話し合い（討論）

6　説明

7　未来への思考

　事実の資料を集める、資料から思考させる、発問・指示で構成する。これこそがアジテーションではなく、授業である。新指導要領の「主体的・対話的で深い学び」でもある。

　向山型の最後の「方向」の部分が新指導要領のキーワードと合致する。

　事実と人を通して、日本を中心に、未来を見据え、資料を通して、発問・指示、調べ学習、討論を基本にして授業を行う。

　これが「向山型社会」の一つの形となると考えている。

2 新指導要領　暗記事項２つへ
グローバル化する社会に対応する

(1) 暗記事項２つへ　グローバル化する社会に対応する

　社会科を暗記科目と思っている先生が多い。子ども自身も「社会は暗記」と思っている子が多いし、一般的にもそう思われているかもしれない。

　ここをまずはっきりさせよう。

　指導要領上、社会科で暗記させなくてはならない事項はいくつあるか。

　そしてそれは何か。

　例えば、地図記号、都道府県名、歴史年号、歴史人物名、外国の国名などなどはどうか。全て覚えさせないといけないのか。

　指導要領には何と書いてあるかが重要だ。

　現行（2019年現在）の指導要領で確実に覚えさせる事項は１つである。

47都道府県の名称と位置

　解説編には以下のように記述がある。

　「小学校修了までに（略）確実に身に付け……」（現行指導要領解説「社会編」最終ページ）

　卒業までに確実に覚えさせないといけない。ちなみに漢字で書くかどうかは、現行指導要領には記述はない。

　2020年新指導要領ではどうか。暗記しなければいけない事項は以下の２つと

なる。

---

① 47都道府県の名称と位置
② 六大陸と三海洋の名称と位置

　理由は「グローバル化」。同様の理由で3年生から地図帳使用が開始される。
自分の国の都道府県くらいは知っておき、更に世界の大陸と海くらいは知識として知っておくことが、これからの時代の前提となる。
　ちなみに現行指導要領では都道府県名は漢字でなくても OK だが、新指導要領では、国語の4年生での新出漢字が20文字増え、全て都道府県名に関する漢字である。
　漢字は昨年（2018年）から4年生は移行措置で、新指導要領に則らなければならない。
＜参考＞ https://www.mitsumura-tosho.co.jp/material/pdf/kyokasho/s_kokugo/iko/30k_nenkei_k_01.pdf

　ということは、現在の5年生からは、都道府県名は全て漢字で書けなければいけない。
　現在、各社の漢字教材も「2019年度移行措置対応」として、都道府県のみの漢字ドリルが市販されている。
　では、他の……例えば「歴史年号」などについて現行指導要領解説編を見ていく。

★歴史的事項（Noは便宜上、筆者がつけた）「覚える」より、興味・関心、
　楽しさ重視。

　74ページ　第6学年の目標及び内容　2 内容 (1)
① 小学校の歴史学習では、通史的に展開し、知識を「網羅的に覚えさせる
　のではなく」
② 国土に残る遺跡や文化遺産を「調べ」たり
③ 年表や文章等の資料を「活用」したりして
④ 人物の願いや働き、文化遺産の意味などを「考え」
⑤ 我が国の歴史に対する興味・関心や愛情を「育てる」ようにすることを
　求めている

---

① 小学校の歴史学習において、歴史上の細かな出来事や年号などを「覚えさせることより」
② まず我が国の「歴史に対する興味・関心を持たせ」
③ 「歴史を学ぶ楽しさ」を味わわせ
④ その「大切さに気づく」ようにすることを重視している

★ 世界の国々「3カ国程度教師が取り上げ、1カ国を調べる」

97 ページ　第6学年の目標及び内容　(3) 内容の取扱い
① 我が国とつながりが深い国から教師が「3カ国程度」取り上げ
② その中から（中略）1カ国を選択して
③ 自分の力で調べることができるようにすること

　ちなみに「地図記号」「八方位」なども「活用」について書かれてあるのみである。
　こう考えると、例えば歴史のテストなどは「ノートを見ながらやりなさい」でも全く構わないことになる。「覚えさせて歴史を嫌いにさせてはいけない」ということになる。
　よって小学校社会科で暗記する事項は新指導要領では2つになる。

(2) 47都道府県の名称と位置略地図で完璧に

　都道府県をどう覚えさせるか。よくあるのがミニテストだ。都道府県に番号が振ってあり、その番号の解答欄が横についているものだ。
　筆者も経験があるが、これだと一番「北海道」から順番に覚えて、大体「北関東」くらいで挫折する。しかも名称は覚えるが位置は覚えない。
　そこでお奨めなのが、玉川大学の谷和樹氏が考案した略地図である。
　最初に扱う3つは決まっている。

① 中国地方　② 東北地方　③ 四国地方

　中国地方はシンプルで簡単だ。最初に形だけ書かせる。その後「ここが山口だとします。残りを地図帳を見ながら埋めてごらんなさい」とする。次に中国地方の外枠だけを縦にして、1つだけ四角を加える。これで東北地方となる。

そして次は四国。これも形がシンプルであり、形自体も子どもが考えられるからである。後は、教師の考えでいい。

筆者は、九州（シンプルなので）→近畿（自分の地域なので）→関東→北陸中部と少しずつ複雑にしていった。

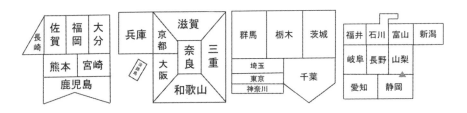

筆者の場合は兵庫県なので、そこに淡路島を入れている。静岡と山梨の間の△は富士山。このように教師が教えたいことを入れてみるのもアクセントになっていい。これらを授業中10分〜15分くらいとって、2学期半ばくらいまで続ける。流れは大体次のような感じだ。

---

① 略地図の形を板書したものを写させ、1つの県だけ教師が教え、書き込ませる
② 残りを地図帳を見ながら書かせ、全部書けた子から黒板の空欄に1つずつ書かせる
③ 最初から漢字で書かせると地図帳を見て写すので慣れてくる
④ 答えを確定し、3〜5分ほど覚える時間を与える
⑤ 3〜5分後、何も見せずに書かせ（ミニテスト）、教師が正解を書き、答え合わせをする

その際「方位記号を書いていたら +10点、全部漢字だったら更に +10点、タイトルを書いていたら +10点」とすると、地図の決まりや漢字も自然に身についてくる。

さて、全部の地域を終えると、子どもたちは自然に次のことを言うようになる。

合体させてみよう

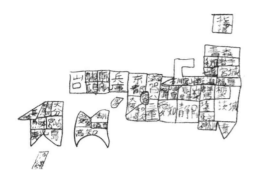

この略地図は全部合体できるように実際に作ってみたものだ。1時間かけて合体する時間を取る。

最後に北海道と沖縄を入れて完成。もちろん北方領土や竹島、尖閣諸島を入れてもいいだろうが、筆者の場合は目的がずれるので、左で完成としている。

これで日本全図が出来上がる。

子どもたちは自然に名称と位置を覚えることができる。

(3) 六大陸と三海洋略地図で完璧に

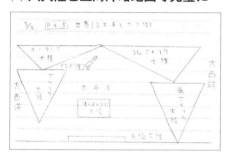

5年生から教える六大陸と三海洋。この略地図は簡単だ。

結構、南極大陸を忘れるので注意することと、大西洋を2カ所に書くことがポイント。

2カ所に書くことによって、アメリカとヨーロッパ、アフリカが海でつながっていることを理解させる。

書いたノートをくるっと丸めさせるとそのまま地球儀にもなる。

上の写真は、ボストン郊外のランドマークスクールで見た世界地図。円を切り取らせ画用紙に貼り、大陸名と海洋名を書かせる。五感を使って略地図を創り上げていた。

これだと位置関係も大きさも体感できる。ぜひ日本でもやっていきたい。

③ 初めて明示された公民的資質とは

　戦後、社会科ができた時から「公民的資質を育む」ことが社会科の目標だった。この公民的資質が難物で、よくわからなかった。

　道徳が教科として設立されず、社会科になった関係で「より良い社会を創る」という意味合いでの「公民的資質」であった。筆者が若い頃は、民間教育団体の中では「選挙ができる国民を作ることだ」という意味合いでも言われていた。

　今回の改訂で初めて「公民的資質・能力」の内容が明示された。

　大きくは次の３つを指す。

---

　① 多角的に考える
　② グローバル化に対応する
　③ 政治参加の能力を養う

　具体的には次のようになる。

① **多角的に考える**＝社会事象を多面的・多角的に考察すること、複数の立場や意見を踏まえて選択・判断すること
② **グローバル化への対応**＝グローバル化する国際社会に主体的に生きる平和で民主的な国家及び社会の有為な形成者に必要な資質・能力を育成すること
③ **政治参加の能力**＝選挙権を有する者に求められる資質・能力、民主的な政治に参画する国民としての資質・能力

　注目すべきは３つめだ。「選挙ができる国民」という考え方は当たっていたのである。

　諸先輩方が創ってきた社会科教育の歴史を改めて深く考えさせられた。

4 新指導要領 未来に向かう単元構成

これまで見てきたように、新指導要領では未来を創る教育が必要となる。それに正対し作成したのが上の図である。本項では、上記より「未来予測」を最終ステップに据えて単元構成を述べる。

ステップは以下の6つである。

---

① 資料読み取り（写真やグラフの読み取り等）
② 課題発見（読み取りの後の発問や「おかしいもの」を出していく）
③ 討論（上記②の課題1つか2つ取り上げ討論する）
④ 調べ学習（69ページで紹介する調べ学習STEP7で紹介）
⑤ まとめ（新聞や討論、CM作りなど）
⑥ 未来予測（未来の○○を絵や文で書いてみよう）

上記①〜⑤までは後述する。

単元の最終に「未来の○○を絵や文で表そう」と指示して作品を作らせる。消防の仕事なら「未来の火災現場」、スーパーマーケットなら「未来のスーパー」

となる。これだけで子どもたちは楽しんで作業する。子どもの描く作品は決して夢物語ではない。

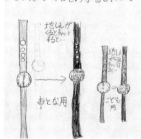

　例えば新指導要領では、4年生で「自分たちの都道府県で起こった災害」などを取り上げる。

　上の作品は総合的な学習だが、阪神淡路大震災の調べ学習を行った後、「地震に強い未来の○○」について描かせたものだ。

　左は今ならば Apple Watch だろうし、右の船になる家は「浮かぶ家」として津波対策として実現化している。

　「未来の火災現場」を描かせた際も、ドローンで消火しているもの、太陽光発電で動く自動運転消防車などが出た。

　更に次のような発問も未来予測を見据えた討論のテーマになるだろう。

---

① 植物工場の野菜は工業製品か
② 日本の水産業はIQ（個別漁獲割当制度）を導入すべきか
③ ドローンによる無人宅配に賛成か反対か
④ ロボットによる老人介護に賛成か反対か
⑤ 北朝鮮から難民が押し寄せてきたらどうするか

---

① 教科書を5つの資料に分ける
教科書で一番使われている資料とは

社会科教科書を「資料」という視点で考えてみる。

Q　社会科の教科書は大きく5つの資料から構成されています。
　例えば1つは「文章」（文章資料）です。
　（文章は更に筆者は8つに分類していますが、それは次の項で）
　残り4つは何でしょう。

社会科の教科書は以下の5種類より構成されている。

1　文章
2　写真（イラスト含）
3　統計（グラフ・表）
4　地図
5　年表

　例えば、地図の中に円グラフがある場合もある。それはいわゆる「図表」というもので統計と地図の混合。イラストや写真に統計が入っているものもある。
　これも図表で、写真と統計の組み合わせとなる。
　人物の関係図なんかももちろんあるが、これもイラストに含めてよいだろう。
　と細かい分類は挙げても挙げてもきりがない。
　要するに上記の5つとすると教科書の内容説明は簡単になる。

ある社会事象を……
1　文章で説明し
2　写真やイラストでイメージさせ
3　統計の数字で証拠を示し
4　地図で場所（空間）を示し
5　年表で時間を示す

ということになる。となると、向山型社会のパーツで授業は簡単に完成する。

1　写真・イラストの読み取り
2　グラフの読み取り
3　地図帳指導の応用で地図指導
4　年表は大事なものを選ぶ
5　文章は、向山型国語説明文「問い」と「答え」を参考に

そしてその文章の中身を、更に「課題」「説明」などと分けていく。
さて、5つの資料の中で教科書で一番多く使われているのは何だろう。
これは「写真（イラスト含）資料である。向山氏が調べられたときは51％、
筆者が前回の教科書改訂で調べてみたら52％（大体の掲載面積を計算してみた）。
要するに、教科書の半分以上が写真である。ということは、写真読み取りから
単元を組むことが、社会科の単元を組む際には、最も合理的であるということに
なりそうである。

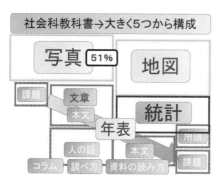
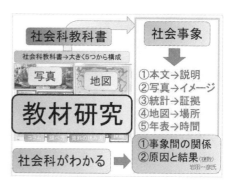

2 文章資料あれこれと指導法
年度末の裏技とは

まずは文章資料について述べる。

Q　教科書の文章部分を更に分けてみましょう。
　　（例1　課題2　調べ方）

私見だが、以下の8つに分けている。

```
1  説明（本文含）
2  課題
3  人（○○さん）の話
4  調べ方
5  まとめ方（ノート例）
6  資料の読み方
7  用語
8  コラム
```

中でも、内容記述として重要なのが……「3 人（○○さん）の話」であろう。

社会科がわかるというのは「原因と結果がわかる」ということである（概念探求型。『小学校社会科の授業設計』東京書籍）。そしてそこには必ず「人の工夫と苦労がある」ことが指導要領の目標の一つと載っている。

これは裏技だが、学期末など時間がなくなった場合、教科書の「人の話」だけを読ませていくと、何となくだが物語としてその単元を理解できる。これも社会科学は人が作った学問だからなのである。

さて、教科書を使った授業としては以下を考えている。

```
1  写真・イラスト資料を見てわかったこと、気づいたこと、思ったことを
   書かせ、学習内容のイメージを具体的にさせる
2  地図や年表で事例地の場所や時間を確定する
3  課題を読んで、結論を見つける
4  証拠となる統計資料を見つける
5  具体例として「人の話」を読む
6  用語やコラムを読む
```

これで教科書内容は1時間以内で扱え、理解もできるであろう。筆者は、教科書をなぞる授業はほとんどしたことがないが（あくまでも教科書は事例地として扱い、地域の事例を教科書を参考に教材とする場合が多いので）、上記のような流れにすると、社会科授業としての1つの例となる。

もちろん、グラフから始めるというパターンもあるが、それはまた後述より紹介する。

単元が終わった後、ノート見開き2ページにまとめさせることもある。「教科書○p～○p、資料集○p～○pをノート見開き2ページにまとめなさい」と指

示する。「ビッシリ書きなさい」とだけ指示して、1ページできたら評価して、2ページめにいかせる。最初のうちは、子どもがあまりにもわからない場合は「グラフや表、図は写していいですよ。そこに感想を書いておきなさい」「○○さんの話も写して構いません。これも感想を書きましょうね」と言うこともある。この2つを写すことが社会科の目的に合っていて、感想を書くことで理解できるのである。

☆教科書使用の授業のまとめ

　ここまでを一旦まとめる。教科書の授業の構成は、例えば次のようにできる。

1　限定した資料を見せ、多様な意見を出させる
2　意見の食い違い（ズレ）を見つける
3　そのズレを課題にする
4　予想する
5　教科書で答えを見つける

　これで通常の授業は完結できる。この際の資料が前回までに扱った「写真（イラスト）」「統計（グラフ）」「地図」「年表」である。教科書の半分以上は写真（イラスト）なので一番わかりやすいのは、写真を使った授業の構成となるだろう。
　上記の5つを、もう少し詳しく行おうと思えば次のようにもできる。

1　限定した資料を見せ、多様な意見を出させる
2　意見の食い違い（ズレ）を見つける
3　そのズレを課題にする
4　予想する
5　教科書で答えを見つける
6　他にないか考える
7　調べ方を考える
8　調べる
9　調べたことを交流する
10　結論をまとめる

　アクティブ・ラーニング＝主体的・対話的で深い学びの社会科は上記10でできるだろう。資料の始め方（進め方）として一番わかりやすい例が写真からの授業の組み立てとなる。

③ 写真資料の読み取り
授業の基本形はこうなる

(1) 雪小モデルと討論の単元全体図

　まず１枚の写真を見せる。２枚以上を比較することもあるが、かなり高度なので、後述することにする。

　手元に１枚（もちろん教科書でOK）、拡大して掲示するものが１枚あるのが理想的。

　手元でも見られるし、拡大した写真で、全体に確認できるからである。

　授業の基本形は次となる。

---

① 「写真を見て、わかったこと、気づいたこと、思ったことをノートにできるだけたくさん箇条書きにしなさい」と言う

② 「３つ（数は写真や子ども、教師の実態で決めてください）書けたら持ってらっしゃい」と言う

③ 書いている途中に「すごい、これが出たか」「もう１個書いた人いますか？」「すごいね」等、褒める。子どもたちに火がついてどんどん書くようになる。

④ ３つ書いて持ってきたら、全体で取り上げたいものを１つ選んで赤鉛筆で○をつけ「すごいねえ。これ書いて」と黒板に書かせる。

⑤ その際、あらかじめ黒板に「・」だけ打っておいて縦書きにさせる。名前も（　　　）で書かせる。「・のある所、混雑していない所から、どこでもいいので書いて」とすると黒板も混雑しない。名前を書くのは、後で討論の時、誰の意見かはっきりするからである。

⑥ また３つ書き、今度は６つで持ってきてと言うと、更に書き足してくる。

⑦ 「まだ１個も書いていない人はそろそろ立ってもらおうかな」「真似していいから書くんですよ。一番よくないのは１個も書かないことです」等と言う。クラスの中に「書かなくていいや」という子が１人もいないようにする。書いたことに対してとにかく褒める。

⑧ 黒板がある程度埋まったら、書いている途中の子がいても「右から順番に立って読みなさい」と言う。最初のうちは途中でとまったら「最初からやり直し」等と言うとだんだんスムーズになる。間を開けずに次々いくことがポイントである。

ここまでが第一段階である。ここからは３つに分かれる（以下、例）。

(1) はじめのうちは、雪小モデル（26ページ参照）から読み取り技能を高める発問
　　を出す
　　① 何が多く（少なく）ありますか（分布）
　　② どの方角から撮った写真ですか（方角・空間）
　　③ 季節はいつですか（時間）
　　④ 午前ですか、午後ですか（時間）
　　⑤ 何月頃ですか（時間）
　　⑥ 何曜日ですか（時間）
　　⑦ 何時頃ですか（時間）
　　⑧ あなたの地域と比べて、わかったこと、気づいたこと、思ったことを書きな
　　　さい（発表）

(2) 次の段階は、点数をつけ、再度持ってこさせ、読み取り技能を高める
　　　「点数をつけます」と言って、どんどん教師が点数をつけていく。「あること
　　だけ書いているから１点」「多い少ないが書いてあるから２点」「方角があるか
　　ら３点」「時間があるから４点」「比べて書いているから５点」等、理由と点数
　　を言っていって「もう一度書いて持ってらっしゃい。今度は１つでOK」などと
　　と言う。すると書くことが最初と全く違ってくる。
　　　その際、向山氏が提唱した雪小モデルの写真読み取り「子どもの意見分類表」
　　の視点が参考になる。①分布（多少）②方角　③時間　④比較　の観点で、点数
　　は直感でOK。考えすぎて間をあけるより、直感で次々評定していくのがいい。

(3)「おかしいもの」を問い、討論させ、学習課題を決める
　　　慣れてきたり読み取り能力が結構ついてきた頃には「おかしいものがあった
　　ら発表しなさい」と立って発表させる。名前が書いてあるので「○○さんの意
　　見は〜だからおかしいと思います」などの発言になり、○○さんも言い返す。
　　ここで自然に討論となる。ほとんどの場合、関係なさそうに見えて単元に全て
　　関係している意見となる。教師はほとんど口をはさまず、後で全体で取り上げ
　　たらいいような問題を選んでおく。
　　そして、最後に単元の目標に関わる発問をする。
　　例：「○○の工夫を見つけなさい（例：米作り）」
　　ここから調べ学習に入る。大体１時間くらいで写真読み取りの授業は終了す

る。もちろん討論になったら、続きは明日としてもよい。最後の「○○の工夫」はおおよそ全ての単元で使える発問でもある。

その際は、以下のような発問で学習を進めれば、一単元済ませることもできる。

1　工夫を教科書から見つけて箇条書きにしなさい
2　工夫を教科書・資料集から見つけて、ノート見開き2ページにまとめなさい

⑵ 新指導要領　社会的な見方・考え方＆主体的・対話的で深い学びと雪小モデル

新指導要領社会科の一つの目玉が「社会的な見方・考え方」である。指導要領社会編の解説には次のようにある（Noは筆者がつけた）。

①「社会的な見方・考え方」は、課題を追究したり解決したりする活動において、社会的事象等の意味や意義、特色や相互の関連を考察したり、社会に見られる課題を把握して、その解決に向けて構想したりする際の視点や方法であると考えられる。

②こうした「社会的な見方・考え方」は、社会科、地理歴史科、公民科としての本質的な学びを促し、深い学びを実現するための思考力、判断力の育成はもとより、生きて働く知識の習得に不可欠であること、主体的に学習に取り組む態度や学習を通して涵養される自覚や愛情などにも作用することなどを踏まえると資質・能力全体に関わるものであると考えられる。

要するに「社会的見方・考え方」ができるようになればいい。これがAIの予測が可能な新時代に向けて、多角的に物事を考える基礎となるということである。

では「社会的見方・考え方」とは何？

それも指導要領の解説には書かれている。次の10の視点だ。

＜小学校社会科における「社会的な見方・考え方」＞
① 位置
② 空間的な広がり（分布、範囲）
③ 時期・時間の経過（起源・変化・継承）
④ 事象間の関係（つながり）
⑤ 事象と人との関係（つながり、協力、工夫・関わり）
⑥ 比較（違い・共通点）

⑦ 分類（違い・共通点）

⑧ 総合（違い・共通点）

⑨ 地域の生活との関連づけ（役割）

⑩ 国民生活との関連づけ（役割）

　これは、向山氏が提唱した【雪小モデル：写真読み取り「子どもの意見分類表」】の項目とほぼ一緒である。雪小モデルとは、向山氏が雪が谷小学校での「社会科における写真読み取りの授業」を提案したものであり、「社会科教育」（明治図書）92年5月号に、その全貌が発表された。

　以下、左が雪小モデルの読み取り表、右がその表に「社会的な見方・考え方」を入れ込んだものである。

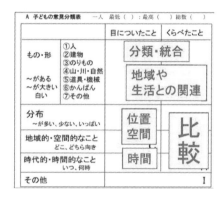

　以下、左に雪小モデルの項目、右に社会的な見方・考え方を挙げてみる。

① 〜がある　　→ ① 位置

② 分布　　　　→ ② 空間的な広がり（分布、範囲）

③ 方角　　　　→ ① 位置

④ 時間　　　　→ ③ 時期・時間の経過（起源・変化・継承）

⑤ その他

⑥ 自分との比較→ ⑤ 事象と人との関係（つながり、協力、工夫・関わり）

　　　　　　　　⑥ 比較（違い・共通点）

　　　　　　　　⑦ 分類（違い・共通点）

　　　　　　　　⑧ 総合（違い・共通点）

　　　　　　　　⑨ 地域の生活との関連づけ（役割）

　　　　　　　　⑩ 国民生活との関連づけ（役割）

上記分類表に沿って発問すれば、基本的に「社会的な見方・考え方」は育てられる。

　1枚の写真の場合は「自分の知っていることと比べて箇条書きにしなさい」「自分の地域と比べて箇条書きにしなさい」と発問すると、「社会的な見方・考え方」の「人とのつながり」「生活とのつながり」が視点となる。

　2枚の写真を比べる場合は「比較・分類・総合」が自然にできる。

　「2枚の写真を比べて、わかったこと、気づいたこと、思ったことをできるだけたくさんノートに箇条書きにしなさい」「Aは〜だが、Bは〜だ。AもBも〜だ。のように書くのですよ」と指示すると、「比較・分類・総合」の「違い」「共通点」を簡単に見つけられる。

　このように雪小モデルで写真読み取りの授業をすれば、「社会的な見方・考え方」は自然に身につく。さらに「討論」をすれば「違い・共通点」の視点は自然に身につき、つながり、生活との関連もできる。

　例えば「雪国の人は損ではないか」と問うと、自然と自分の地域と比べられる。自分たちの生活とも比べられる。雪国の人々の工夫もわかる。「大雪」という事象と「人々の工夫」という関係も見える。

写真読み取り→ 討論

　上記が向山氏の写真読み取り授業の主張であった。新指導要領には続きがある。

小学校社会科における技能「調べまとめる技能」
　1　情報を集める技能
　2　集めた情報を「社会的事象の見方・考え方」に沿って読み取る技能
　3　読み取った情報を問題解決に沿ってまとめる技能（課題→結論をまとめる）
　★単元のまとまりごとに全て育成しようとせず、内容や資料の特性に応じて指導する

　上記も、写真読み取りから討論する際に自然に身につく事項であろう。

　もちろん一単元で「社会的な見方・考え方」を全て網羅しなくてよい。単元に応じて育てればよい。その際、重要になるのが「写真」などの資料となる。

　新指導要領「社会的な見方・考え方」。一見、難しいと思われるが「写真読み取り→ 討論」という基本的なパターンを知ってさえいれば、簡単に実現するのである。

⑶「わかったこと、気づいたこと、思ったこと」の指示の意味

写真読み取りでは、最初に次の指示を出す。

> 写真を見て、わかったこと、気づいたこと、思ったことを、ノートにできるだけたくさん箇条書きにしなさい。

ここで問題。

> なぜ「わかったこと、気づいたこと、思ったことをノートにできるだけたくさん箇条書きにしなさい」の向山氏の指示は有効なのか。

筆者は6つ考えてみた。

> ① 3つの意味と順番に理由がある
> ② ノートに書くことに意味がある
> ③ 箇条書きに意味がある
> ④ 数をたくさん書かせることに意味がある
> ⑤ 発達段階やワーキングメモリーに沿っている
> ⑥ 発達障害の子どもたちにもやさしい学習法である

① 3つの意味と順番に理由がある

> ⑴ わかったことで、クラスの1割くらい
> ⑵ 気づいたことで、クラスの半分くらい
> ⑶ 思ったことで、クラス全員がやっと書ける

クラスで実験したことがある。「わかったことを書きなさい」と言うと、子どもたちはしーんとなった。難しく考えてしまうのである。

「気づいたこと」を入れると、大体半分くらい書き始めた。ハードルが下がるのだろう。

それでも「気づく？？」と、よくわからない子もいた。

最後に「思ったこと」と言うと、「なんだ思ったことでいいのか」となり、やっと書き始めた子も多い。最初のうちは、「ほんのちょっとでも思ったこと、例えば「人がいる」なんかでもいいんだ」と言うと、更にハードルが下がり、ほぼ全

員の子が書くようになった。それでも難しい子には、筆者が赤鉛筆で1個だけ書いて、なぞらせる。すると続きを書くようになった。

また「思ったこと」が最後にくるから、ワーキングメモリーの低い子にも「思ったこと」だけ指示が入って、書きやすくなるのだと思う。

向山氏は「教室ツーウェイ」（明治図書）98年1月号で次のように述べている。

　第一のポイントは、指示の言葉である。
「分かったこと、考えたこと（注：今は気づいたこととなっています）、思ったこと」の三種を必ず述べること。
「考えたことを書きなさい」では、子供の意見は半分以下になる。
「思ったこと」が入って、はじめて子供は、安心して自分の意見を書く。

---

② ノートに書くことに意味がある

　　プリントではなくてノート。だから次々書ける。前に自分は〇個書いたなあということもわかる。スペースも気にする必要はない。

③ 箇条書きに意味がある

④ 数をたくさん書かせることに意味がある

　　これはセットとして考える。次の利点がある。

⑴　1つを短く書くようになる
⑵　一時に一事を書くので、学力低位層の子でも書ける
⑶　自分がいくつ書けたかメタ認知できる
⑷　評価できる
⑸　全体でいくつ書けるか意欲もわく

だからたくさん書けるようになる。向山氏は同論文で次のようにも述べている。

　第二のポイントは、ノートに箇条書きにさせることである。子供は放っておくと、一つのことをくわしく書きたがる。はじめは、さまざまな意見を出させるのがよい。
　第三のポイント、途中でいくつ書けたかをたずねること。子供がノートに書く目安になる。ちなみに一枚の絵から最も多く意見を出した授業を知っているだろうか。有田学級、長篠の戦いの図である。子供の意見は500を数えた。（前掲）

箇条書きだから、1つのことについて短く、次々書くようになる。だからたくさん書ける。

　途中で教師が「もう○つ書けた人？　すごいね」と言うと、子どもたちは自分でいくつ書けたかわかり、目標ができる。

　そして、数多く書くから、ホームラン級の意見や発見が出てくる。

　「今日は有田学級の500を目指そう」と1時間ずっと書かせることも筆者はあった。

　その際は400を超え、背面黒板まで子どもの意見でいっぱいになった。子どもたちは満足そうに1時間を終えた。

　更に、たくさん書けるからこそ、次のような利点も生まれる。

⑴ 写真の世界により入っていく

⑵ 細かい部分を見るので、読み取り能力も身につく

⑶ 自分の体験と比較して見るようになる

⑷ その単元のレディネスが揃い、広がる

⑸ 人の意見と比較して、討論となり、アクティブ・ラーニングとなる

　再度、向山氏の論文から引用する。

　まず全体を問うわけですが、「本時のねらい」をすぐ問うより、この方が「経験の層」を厚くします。（筆者注：子供のその単元に関する体験、レディネス）また「読み取り能力」も育てられます。（前掲）

　第一の発問は大きく問うことが多い。子供が考えたこと、全て発表させるのである。ここで大切なのは、自分なりに意見を持っているということと、自分の意見にとらわれないということである。自分なりの意見を持っていないと、子供の意見は貧弱になる。自分の意見にとらわれると子供の大切な意見は貧弱になる。　　　　　　　　　（「社会科教育」（明治図書）92年5月号）

　だから、人の意見との比較が生まれ討論となり、アクティブ・ラーニングとなる。意見がずらっーーーと、黒板に書かれた状態で「おかしい意見はありますか？」などと聞くと、自然に討論になるのはこのためである。多様な意見を認め、新しいものを創造することもアクティブ・ラーニングの目的なので、写真の読み取りで数多く意見が出ること自体が、アクティブ・ラーニングの一つとなるので

ある。

⑤ 発達段階やワーキングメモリーに沿っている

何かを見て、そこにあるものを言うことは、比較的レディネスの低い学習となる。

```
２才……かんたんな絵本を読む
３才……複雑な絵本を読む
６才……絵本を意味のあるように他人に読む
```

絵を見て理解することのレディネスは上記である。更に、空間認知的に言うと次のようになる。

```
１才……多い少ないがわかる
５才……左右がわかる
６才……季節がわかる
```

となると、写真を見て「分布」「方角」「時間」を考えること自体、レディネスが低くてもできる学習となる。

更に、ワーキングメモリーの中の「視覚・空間スケッチパッド」という部分の役割と「音韻ループ」という部分で、写真を見てあるものを答えることは脳科学的にも説明できる。更にそこにはエピソード・バッファというものがあり、毎回、上記２つの視覚・音声・そして「体験」がループしているのだそうだ。

この説明は脳科学的で少々難しいが、脳科学的にも写真読み取りの上記指示は理にかなっているということにもなる。

ということで、発達及びワーキングメモリーの面から見ても、写真読み取りの授業は、学力低位層の子どもも活躍し、逆転現象の授業になる理由にもなるのである。

⑥ 発達障害の子どもたちにもやさしい学習法である

自閉症の子の特性の一つに「同一性保持」（同じことの繰り返し等定期的なものを好むこと）や「全体を見ず一部分をずっと見る」というものがある。それも写真読み取りには威力を発揮する。同じ法則を発見するのが同一性保持には必要であり、細かな部分を見るのが、全体でなく一部分を見ることである。

また ADHD の子は、次々意識が動く。写真の中には様々な情報があるので、次々注意がうつった方が、たくさんのものを見つけることが可能となることもある。写真の中に意識が入り込みすぎて、何も書けなかった場合でも、競争が好き

な傾向にある ADHD なので「もう○個書いた人？」などの評価に大きく反応し、俄然張り切る場合もある。数をむちゃくちゃ多く書く子は、もしかすると、こういう意識が働くのかもしれない。

　見る・書く活動自体が動きを伴うので、ドーパミンが出て、授業で大活躍できることもある。

　「発達障害の子どもたちにやさしい学習」が写真読み取りの授業でもあるのだ。

(4) 写真読み取りから見学へ、そして単元作りへ

> ① 実践例：3年　交通事故「一番始めに現場に来たのは、どの色の服の人か」

　写真を見て、わかったこと、気づいたこと、思ったことをノートにできるだけたくさん箇条書きにしなさい

　「3つ書けたら持ってきます」。
　持ってきたら「よく見つけたねえ」「すごい。これを見つけたか」等、次々褒め、驚き、教師が1個選び、黒板に書かせる。

　（上記は火災現場の読み取り授業の板書。このように黒板にびっしり、そして名前も書かせる）

　黒板に書いた子には「また3つ書けたら持ってきてね」と指示。途中「もう3個以上書いた人？　すごいねえ」と数を確認し、褒め、意欲を高めていく。大体黒板に出そろったら次のように指示する。

　このときは「砂のような物がこぼれている」という意見に「あれは薬だ」という意見、「救急車が一番最初に来た」という意見に「レスキューが先に来ないと助けられない」といった意見が出て討論となった。

　まずは自分の意見を書かせる。更に同じ意見の子ども同士で集まり、意見を付け足させる。更に、反対意見を書かせる。そして自分の意見を言わせ、討論となる。
　その後、次の写真を出す。

　3つ問う。2枚とも同じ場所だ。子どもたちはトラックや道路の記号などで結構簡単に気づく。どちらが先かは後者が先に撮られた写真。トラックにまだ乗っている人が決定的な証拠となる。砂のようなものは、最初は液体のように見える。また、この写真には救急の人が写っていないので、先に来たのは「警察かレスキューだ」と子どもたちは言った。それでも、まだはっきりしない。「違う所に救急の人はいて、写っていないだけかもしれない」という意見も出る。

　ノートに思いつくだけ書かせ、発表させる。必ずのように「警察に聞けばいい」

と出る。

見学に行って、警察に質問できるか電話してみよう。

　その場で電話する。もちろん警察署にはあらかじめ言っておいて、見学の約束及び、この時間に電話することも伝えておく。
　教師が子どもたちの前で丁寧に話すので、見学の際のモデルにもなるし、「お忙しいのに本当に申し訳ありません」と伝えるだけで、子どもたちに「忙しい中、見学させてもらうのだ」ということも理解させることができる。
　電話を切った後、子どもたちに「〇月〇日に見学OKです」と言うだけで、教室は「やったー」の歓声に包まれる。

せっかく見学に行けるのですから、質問したいことを箇条書きにしておきなさい

　子どもたちは、それぞれの課題を持って見学に行くことになる。その後、見学に行き、まとめるだけでも、写真読み取りから見学→まとめの単元ができる。

② 実践例：５年　高い土地のくらし「上勝町の写真は何月くらいか」

　教科書の徳島県上勝町の写真を読み取る。わかったこと、気づいたこと、思ったことをノートに書かせ、黒板に書かせる。棚田の稲が青々としている写真だ。

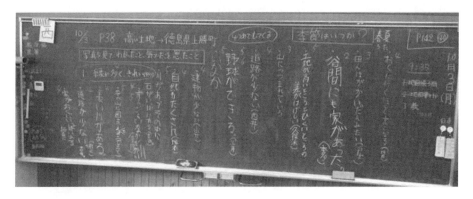

　「おかしい意見はないか」問う。夏の写真だという意見に反対が出る。

何月頃撮られた写真か

討論になり、どうしたら調べられるかと問う。「役場にメールする」「上勝町の他の写真を見てみる」などが出る。結果「教科書会社にメールしよう」ということになった。

　ちなみに教科書の写真は次の３つの方法で教科書会社は入手している（以前、教科書会社の編集者に確認した）。

---

① 自社で、ヘリコプターやドローンを飛ばす等、直接現地に出向いて撮る
② レンタル会社から借りる
③ 行政（警察や消防など含む）から借りる

　教科書会社に聞けば、必ず「いつ、どこを、どの方角から撮った写真か」がわかると言える。

　さて、教科書会社から返信が来た。基本、教科書会社はどこも丁寧に返答してくれることが多い。返信内容は次であった。

川原雅樹先生
　お世話になります。平素は、弊社社会科教科書に関しまして、格別のお引き立てをいただき、厚く御礼申し上げます。
　お問い合わせいただいた、小学社会５年上 P.38の写真の件ですが、撮影時期は５月頃のようです。児童にもそのようにお伝えいただければと存じます。

　子どもたちにも伝え、これで一件落着かと思えたが、次の日、子どもが上勝町の５月の写真をインターネットで見つけて持ってきた（著作権上ここには載せられないが、上勝町役場の写真。５月は田植え前の時期で教科書の写真とは全く異なっていた）。

「先生、上勝町は５月に田植え前だ。こんな稲が育っている写真が５月の訳がない」。この子は６月、７月、８月の写真も印刷してきて、どうも８月に近いのではないかと結論まで出していた。

　子どもたちは「もう一度教科書会社にメールを出して」と筆者に言った。その写真も入れて、再度教科書会社にメールを出した。次の返事が来た。

　さて、再度お問い合わせいただいた件です。撮影したカメラマンに確認したところ、2009年８月20日とのことでした。
　誤った撮影時期をお伝えし、誠に申し訳ございません。この写真は、教科

書供給前に差し替えをおこなっており、その撮影時期をお伝えしておりました。

　ご迷惑をおかけし、申し訳ございませんでした。

　子どもたちに紹介すると歓声があがった。「○○君が合っていた」「教科書会社が間違うこともあるんだ」「すげえな」等々。

　一見「何月の写真か」等どちらでもいいように思う。しかし、本単元は日本各地で地形や場所により、気候や人々の生活への工夫が違うことを理解することが目的である。何月くらいかを考える中で、子どもたちは自分たちの地域との田植えの時期の違いを理解し、それは高い土地だからということを理解していた。

　このように、雪小モデルによる写真読み取りの授業は、社会的な見方・考え方、更には主体的・対話的で深い学びをも自然に保証してしまうのである。

◢4◣ 統計資料の読み取り
折れ線と棒グラフの基本発問10

⑴ 全体図：はじめに３、２、５の事項、そして変化の理由を聞け

　以下、折れ線グラフ及び変化を表す棒グラフの基本発問10と補足5を示す。

Ⅰ　必要要件の確認（はじめの３）
　1　タイトルは何ですか。（初期段階　何のことについての資料ですか）
　2　年度はいつですか。（初期段階　何年の調査結果ですか）
　3　出典は何ですか。（初期段階　もとになった資料は何ですか）

Ⅱ　数値の読み取り（次の２）
　4　縦軸は何を表しますか。単位は何ですか。
　5　横軸は何を表しますか。
　　（ちなみに横軸の単位が「年」の場合、多くは役所の出典なので「年度の統計」である）

Ⅲ　変化の指摘（５つの傾向）
　6　全体的に見ると、次の５つのうちどのような変化をしていますか？
　　（棒グラフの場合は、赤線で変化の線を書き込ませる）
　　⑴だんだん上がる　⑵だんだん下がる　⑶急激に上がる
　　⑷急激に下がる　⑸変化なし
　7　このグラフには大きな変化が見られます。どこですか。

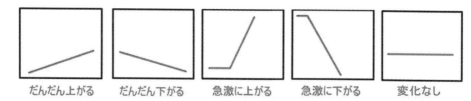

| だんだん上がる | だんだん下がる | 急激に上がる | 急激に下がる | 変化なし |

Ⅳ　変化の原因の指摘

　8　変化の原因を教科書の中から見つけて線を引いてごらんなさい。

Ⅴ　他の原因の予想・調べ・検証

　9　他に原因として考えられることをノートに予想して（調べて）書きなさい。

　10　教師による「変化の原因」の資料提示。

【補足5】

①Ⅰ　必要要件の確認の（　）内は、それぞれ初期段階での発問である。慣れて
　　　きたら徐々に言い直していく。

②Ⅱ　数値の読み取りでの縦軸の確認は、題名を使い表しているものを単位とは
　　　別に確認する必要がある。（例「縦軸は何を表しますか」「米の生産高です」）

③Ⅱ　数値の読み取りは、初期段階では「（年）の（　）は、（縦軸単位）ですか？」
　　　の発問を行い、それぞれの数値を読み取る必要がある。

④Ⅲ　変化の指摘は、5つの傾向の他に「山型」（上がって下がる。トップがある
　　　場合）「谷型」（下がって上がる。ボトムがある場合）もグラフによっては扱
　　　うとよい。

⑤Ⅲ　変化の指摘は、初期段階に傾向を捉えた後、「このグラフの特徴を一文で書
　　　きなさい」（例「米の生産高」は「だんだん増えている」）と確認するとよい。

◆教科書中の棒グラフには「比較・分布」を表すものと「経年変化」を表すもの
　がある。

　上記の発問は、「変化」を表す折れ線グラフを想定している。

　　上記が基本となる。基本は、3、2、5と覚える。最初の3が「タイトル」「出
典」「年度」、次の2が「縦軸」「横軸」、最後の5が「だんだん上がる」「だん
だん下がる」「急激に上がる」「急激に下がる」「変化なし」である。

　　どのグラフでも、はじめに「3、2、5」を押さえる。そして「急激に上がっ
たor下がった」ところに、必ず社会的事象が存在する。例えば人口減少なら「戦
争」「災害」「飢饉」、物の売上高なら「宣伝」「陳列」「改良」などである。

　　更にその理由は多くの場合1つではない。グラフ変化の理由が複数あること

を「共分散構造」と統計の世界では言う。

　向山氏の有名な「青森のリンゴ」の実践。青森でリンゴ生産NO.1なのは決して「気候が合っているから」だけではない。例えば「地主の存在」「戦争」「海流」「交通」等々の社会的事象が絡み合ったからだ。

　遠洋漁業の生産量が激減したのは、200海里と（教科書には）書かれている。しかし、生産量が減った時期とは微妙に年がずれる。よくよく調べてみると「漁の方法の変化（環境への懸念）」「水俣病」「オイルショック」などが絡んでくる。

　筆者の地元の「丹波篠山の黒豆」の県外出荷量がぐんと伸びた年も、「交通」「祭り」「漫画（美味しんぼ）」が同じ年で行われた経緯がある。

　1　変化を扱う　2　理由を探る

　これだけでも面白い社会科の授業ができ、教材研究も楽しくなる。

(2) 実践例：5年　水産業「遠洋漁業生産量減少の理由は200海里だけか」

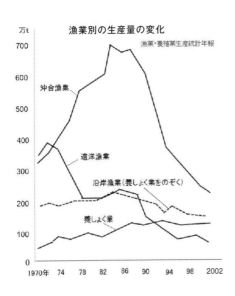

① タイトルは何ですか

　「漁業別の生産量の変化」
　はじめのうちは、指で押さえさせる、お隣と言わせるなどする。

② 出典はどこですか

　「漁業・養殖業生産統計年鑑」
　ちなみに出典に「ほか」とついている場合は、「ほかの本も参考にして教科書会社の人がこのグラフを作ったのです」と補足する。「統計年鑑」は数字による表だからである。
　これも教科書会社の人に聞いた話である。

③ 年度はいつですか（このグラフはいつ作られたか、ということです）

書いていないので「不明」である。教科書には結構「年度」が書かれていない場合が多い。子どもたちにグラフを書かせる場合は「年度」も入れた方がいいと言っておく。

---

④ 縦軸の単位を指差しなさい。単位は何ですか →（万 t ）
⑤ 縦軸は何を表しますか →（「漁業別の生産量」など、タイトルを使って答えさせる）
⑥ 横軸の単位を指差しなさい。単位は何ですか →（年）

---

⑦ 遠洋漁業のグラフだけを赤鉛筆でなぞりなさい。
⑧ グラフはおおよそ次の5つの変化に分かれます。

（板書）

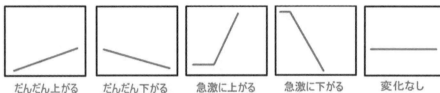

だんだん上がる　だんだん下がる　急激に上がる　急激に下がる　変化なし

---

⑨ 遠洋漁業のグラフはどれに当たりますか →（急激に下がる）
⑩ 急激に下がったのはいつからいつまでか赤鉛筆○で囲んでごらん
⑪ 何年から何年ですか →（1974年〜1978年）

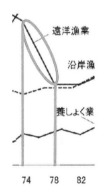

遠洋漁業
沿岸漁
養しょく業

74　78　82

⑫ 遠洋漁業の生産量が減った訳を教科書から探して線を引いてごらんなさい

　「200海里」となる。説明を読ませる。200海里は「1977年頃から始まった」とあり、遠洋漁業の生産量が減少した1974年ではない。

---

⑬ 200海里は1977年から始まっています。また200海里以外にも遠洋漁業の漁場はインド洋などたくさんあります。他にも理由があるはずです。自由に予想して発表してごらんなさい

ここは自由に発表させる。「燃料がなくなった」「なんか決まりができた」など、子どもからは結構鋭い意見が出る。また全く的外れな意見でも「予想」なので認めていくと、自由で様々な意見が出てきて楽しい授業になるだろう。

　ここで調べさせてもいいのだが、さすがに5年生の手には余る。事前に水産庁に電話して、回答と資料を送ってもらった。

---

① 1974年、環境を考えて底引き網漁が規制されました。スケトウダラ28万
　t減少しました。
② 同じ理由で、同じ年に「まぐろ延縄漁」が制限されました。マグロ2万t減
　少です。
③ この頃から人手不足が始まり、遠洋漁業に行く人が減りました。
④ 1971年水俣病が起こり、この頃はだんだん魚を食べなくなり、生産量も
　減りました。
⑤ そして1973年（第4次）中東戦争が起こり「オイルショック」となりま
　す。石油が減ったので遠洋漁業に行く燃料が減り、生産量も減りました。

「1つのグラフの変化には、様々な理由があるのですね」（授業終了）

　ちなみに水産庁はすぐに丁寧な資料を大量に送ってくれた。省庁に聞くと、結構様々なことを教えてくれる。

(3) 割合を表すグラフの基本発問10と補足5

　割合のグラフについては、まだ筆者も確たるものはないが、有田和正先生などの著作例から基本発問を抜き出して、以前、次の10の基本発問と補足5を作ってみた。

・・・

帯グラフ及び円グラフ（1つの場合）基本発問10と補足5
　（普段の授業は7まででも十分OK）

Ⅰ　必要要件の確認
　1　タイトルは何ですか。（初期段階　何のことについての資料ですか）
　2　年度はいつですか。（初期段階　何年の調査結果ですか）
　3　出典は何ですか。（初期段階　もとになった資料は何ですか）
Ⅱ　表現内容の読み取り
　4　何の割合ですか。（例：2009年の八戸港の水揚げ量）

5　全体でどれだけですか。（例：9.1万ｔ）

Ⅲ　割合の指摘

6　一番多いのは何ですか。それは何％ですか。

7　一番少ないのは何ですか。それは何％ですか。

Ⅳ　変化の原因の指摘

8　一番多い（少ない）原因を教科書の中から見つけて線を引いてごらんなさい。

Ⅴ　他の原因の予想・調べ・検証

9　他に原因として考えられることをノートに予想して（調べて）書きなさい。

10　教師による資料提示。

【補足5】

①Ⅰ　必要要件の確認の（　）内は、それぞれ初期段階での発問である。慣れて
　　きたら徐々に言い直していく。

②Ⅱ　表現内容の読み取りでの単位の確認は、割合及び全体の数字を確認する。

③Ⅱ　表現内容の読み取りは、初期段階では「円の○の中を読んでごらんなさい」
　　「帯グラフの欄外を読んでごらんなさい」等の指示をする。

④Ⅲ　割合の指摘は、折れ線グラフと同じように、次の４つの傾向を聞く場合も
　　考えられる。

　ア【半分・その半分・そのまた半分】……以前の飲食料メーカーのシェア　以
　　前は「半分（50％）がトップ、その半分（25％が次）、その半分（10％台）が
　　大体の市場の割合だった。
　　（例：ビール＝キリン60、サッポロ20、アサヒ10）
　　（例：スナック菓子＝カルビー50、湖池屋12、山崎10）　など。

　イ【1から3位くらいまでがおおよそ均等】……トップシェアの均衡

　ウ【1つが断然多い】……トップシェアがはっきりしている

　エ【全てがおおよそ均等】……市場が確立していない

　オ【その他が多い、また割合は少ないが各項目が多い】……ロングテール

【半分：その半分：そのまた半分】　　　【おおよそ均等】　　　【1つのみ多い】

現在は、クープマン目標値と言われる、次の市場理論も参考になる。

https://www.jmrlsi.co.jp/knowledge/yougo/my05/my0528.html

```
1  独占的市場シェア：75％くらい
2  安定的トップシェア：40％くらい（実質3社以上の戦いにおいて安定する数字）
3  市場影響シェア：25％くらい（激戦の競争状態から一歩抜け出した状態）
4  並列的競争シェア：20％くらい（複数企業で拮抗している競争状態の時
   に多いシェア
5  市場認知シェア：10％くらい（生活者において純粋想起がなされるレベル）
6  市場存在シェア：7％くらい（生活者において、助成想起が可能なレベル）
＜例＞
2017年9月時点での携帯電話シェア
NTT ドコモ：46％……安定
au（KDDI）：30％……市場影響クリア
ソフトバンク：24％……市場影響にもう一歩
```

⑤Ⅲ　割合の指摘は、初期段階の傾向を捉えた後、
　　　「このグラフの特徴を一文で書きなさい」などと確認するとよい。
　　　（例：「○○」が全体の半分で、その半分が△△です）
※上記をTOSS-SNSで提案した際、谷和樹氏より以下のコメントをいただいた。

```
　クープマンモデルはランチェスターの法則とつながっています。子ども向
けにはランクサイズルールで説明したほうがわかりやすい場合もあるかもし
れません。
```

　ランクサイズルールとは「順位・規模法則」といい、人口・会社規模・文章内
の単語頻出回数などで見られるルールである。例えば人口1位の2分の1が2
位、3分の1が3位という感じで、1位を規準に、2分の1、3分の1、4分の
1となるという法則である。
　確かに、子どもに教えるにはシンプルでわかりやすい。
　割合のグラフの傾向をどう教えるか、今後更に検討したい。

5 地図の読み取り
参観授業が盛り上がる地図クイズ

(1) 地図帳を使った地名探しの授業とは
　昨年（2018年）、4年生の授業補教に入った。子どもたちが「地図クイズがや

りたい」という。担任の先生はTOSSランドで結構いろんな授業を見ているので、多分地名探しのことだろうと思いやってみた。

　地図帳のページは指定した。最初の3問は筆者が出題した。いつも、こんな感じだという。

　3問目の最初「次1番目に立った子に次の問題を出してもらおう」と言ってみた。大熱狂となった。子どもは地図帳をずっと見て、珍しい問題を出した。1番に立った（答えた）子に問題を出させるというような実践は、まだ広がっていないなと感じた。

　筆者は地名探しは、向山氏の論文を参考に以下のような流れでいつも行っている。

1　地図帳で、ある地方（ページ）を開かせる

2　教師が番号を書いて、探す地名を書き出題する

3　見つけた子は赤鉛筆で○をつけ立つ

4　教師は立った子に順番をつける

5　立った子に「ヒントが言える人」とたずねて、言わせ、地図の基礎を教えていく
　　（例：○○の上→北、緑の所→平野のところ、太い線の上→県境等）

6　10名ほど立ったら「立っている子は、座っている子に教えてあげなさい」と席を離れて教えさす（自閉圏の子は見つけられないと次にいけない、ADHDの子は授業中立つ作業を入れるとドーパミンが出て落ち着く）

7　教師が問題を出す際は、そんなのあるかよという地名を探させる
　　（青森県なのに横浜、宝島など面白い地名）

8　更に次のような地名を問題にするといい
　　⑴　一のつく地名、二のつく地名、三のつく地名……。全国でやる
　　⑵　自分と同じ名字のつく地名を探しなさい
　　⑶　他に、動物、変わった名前など

9　地図記号その他を扱う問いを出すのもいい
　　（例：○○空港を見つけなさい。○○国際空港を見つけなさい）
　　★○で囲まれている記号が国際空港。上のように発問すると覚える

10　慣れてくると、1番に立った子に問題を出させる

　上記を最初のうちは授業開始10分くらい、慣れてきたら5分くらいで行う。子どもたちはチャイムがなると地図帳を開けて、珍しい地名を探したり、自分たちで地名探しをしているようになる。

上記の流れのもとになった向山氏の論文は次である。

「TOSS向山型社会」28号、巻頭論文「向山が語る社会科」

　私、地図指導一番の要素ってのは楽しくなくちゃいけない。おもしろくなくちゃいけない。

　最初は遊び、皆さんもおやりになるでしょうけれども。

　例えば、関東地方なら関東地方を開かせてみて、例えば上総一ノ宮探してご覧なさい。ぱっと探した子がいて、上総がつくから千葉だろう。その見つけた子が次の問題を出す指名権を得る。栃木県の県庁所在地は宇都宮ですが、栃木県栃木市なんて言うと、「そんなのあるかよ」という子がいますけれども、そんなの探していく。

　関東地方が終わったら全国やる。全国の中から１がつく都市、２がつく都市、３がつく都市、例えば一番多い都市とかやっていく。それ自体とっても楽しいですから、勉強できる子もできない子もいろんな子が参加できる。

　そのような楽しさということの上に地図記号その他をとるといろんなことがわかるんだねというようなことをしていく。

　ちなみに索引記号の指導を向山氏はしているか。その答えも次の論文の中にある。

Q　社会科の地図帳の索引の指導はどのようにされたのですか。

　A　私今までやったことないな、１回もたぶん。

　……開いて、使える、話せるってとても大事なことですから、私遊びのように……10分間だけ好きにいろんなものをさわらせて、最初のうちは例えば、どれでもいいから、１がつく、地名を言いなさい。１がつく２がつく３がつく４がつく、地名。

　あるいは今度は自分と同じ名字がつく地名を探しなさい。……自分と一番近いところ探してご覧なさい。今度は自分が問題出したとこ調べなさい。……最初に探した子が次の問題を出せる。そうすると自然に索引を使うようになってくる。

　私、索引の使い方はこうだという授業はもしかしたら一回もやったことがないっていうくらいやってない。

　(TOSSアンバランス福島「向山洋一Q＆Aメールマガジン」2001年6月号)

1　地図帳38pをあけなさい。（地域の確定……東北地方の地図限定）

2　先生が出す地名を赤鉛筆の〇で囲んだら、立っていくのですよ。（指示）
　「弘前」（立った順番1、2、3、4、5、6、7、8、9、10、11　など
　をつける）
　座っている人に教えてあげましょう。

3　前をごらんなさい。（拡大コピーや画面を出しておく）弘前はウの3と表せま
　す。（ヒントでこの言い方をさせ、索引を自然に使える）

4　第2問。次1番だった子は、先生の代わりに問題を出せます。
　「横浜」（あれっと思う地名）
　1、2、3、4、5、6、7、8、9、10、11　「ヒントが言える人？」
　座っている人に教えてあげましょう。

5　じゃあ、1番の人。次の問題を書いてください。（板書させて→読ませる）
　1、2、3、4、5、6、7、8、9、「〇の〇ですか」10、11……
　座っている人に教えてあげましょう。
　（2回ほど繰り返す）

6　一のつく地名を探して囲んでごらんなさい。1つでも囲めたら立ちます。
　何て地名ですか「一戸」。探せなかった子は囲んでおきます。

7　二のつく地名。「何て地名ですか」3名程指名。他には……。（なし）ここで
　は二戸を囲んでおきます。みんなも囲みなさい。

8　一戸、二戸ときました。数字のつく戸はまだあります。全部見つけて囲んで
　ごらんなさい。

9　一番大きな戸は？（2名）もっと大きい人？　九戸
　見つからない戸はありませんか？　四戸　見つかった人はいますか？
　（四戸は昔はありましたが「四→死」で、縁起が悪いということでなくなりま
　した）

10 一戸から九戸、前を参考に全部囲みなさい。

11 囲んだところを線で結んで見ます。囲んだ中である動物が飼われていました。
何でしょう。ヒントは地図に隠れています。（発表）
★正解は馬。このあたりは昔、天皇に献上する馬を育てていた。戸はその広
大な牧場の出口である。馬淵川など、馬のつく地名がヒントとなる。

12 じゃあ、そのページで一番大きな数の地名は？

13 じゃあ全国で一番大きな数の地名は？（四万十川）
14 他の場所でも数字のつく地名や面白い地名を探してみましょうね。終わります。
（参観日などでも大いに盛り上がる授業となる）

6 1つの資料を見せる時間とその理由
見せるだけなら3分、作業を入れて5分

　これまで見たように、資料を見せて「わかったこと、気づいたこと、思ったこと」等を書かせる作業をするのは、資料の読み取り能力を高めるためにも、更には、社会的な見方・考え方をつけるためにも大切なことである。

Q　資料を見せて、何か書かせて、発表させます。
　　資料を見る時間（書く時間も含む）は何分くらいですか？

　通常「見せている」と言っても教師は待てない。1分待てば結構長く感じるものである。
　結論から言うと次のようになる。

> 資料を見せるだけなら3分。資料を見せ作業させるなら5分。
> 子どもが勢いよく書き始め、ちょうど落ち着く頃が5分である。

　前述した雪小モデルの指示にも時間が次のように示されている。

> 「写真を見て、分かったこと、思ったことをノートに書きなさい」（5分）
> （「社会科教育」92年5月号）

もとになった「雪谷小　研究紀要」にも次の記述がある。

＜授業例＞
1　列挙させる段階
　　「写真を見て、思ったこと考えたことをノートに書きましょう」と発問
　　し５～10分間作業させ、発表させるステップ
2　観点を与える段階
　　「商店街の工夫を探し、ノートに書きましょう」と発問し
　　５～10分間作業させ、発表させるステップ

更に、「教室ツーウェイ」98年１月号「写真の読み取り」の向山氏の記述は以下のとおりである。

第４のポイント、書く時間を５分待つこと
１枚の絵を見させ、子供に数十の考えを書かせるには、５分は必要だ。
これが、とれそうでとれない。

「社会科教育」85年12月号。向山氏と有田和正氏が社会科の授業で立ち会い授業をされた。江戸時代の人口のグラフからの授業である。このとき２人に共通だったことが以下であった。

1　時間を5分程度与える（向山氏5分、有田氏は自分のクラスなので3分40秒）
2　その後10人程度指名し、発表させる（両者とも12名と全く一緒だった）

以下、同誌より引用する。５分の意味が全てここに網羅されている。

　　次に資料を見せる時間５分について考える。最初の「社会科教育」誌10月号は、資料を特集している。その中で向山行雄氏は「資料を見せる時間」についてふれ、３分見せるべきであると主張している。このような具体的主張は珍しい。そして、次のように述べている。「授業の中で３分間というのは、かなり長い時間である。資料を提示して「３分間じっと待つ」という行為は、なかなか辛抱のいることである。しかし、じっと待つことが大切なのである。」

向山行雄氏（現在、敬愛女子短大国際学部こども教育学科教授）は当時、都立教育研究所で「社会科の資料活用」について研究中であった。

　教師の中では、資料にくわしい存在だろう。その行雄氏が３分間はかなり長い時間だという。

　研究授業などを参観すると１、２分というのが圧倒的に多い。反対に、意見も出ないのにやたらに放置しておくのもある。「どのくらい見せるのか」ということが意識してある指導案は筆者が見た中では皆無であった。

　もし「何分間見せる」という書き込みがある指導案があったら、ぜひ拝見したいものだと思う。

　５分の意味について、前述した立ち会い授業の「社会科教育」85 年 12 月号の特集について引用する。

　さて、５分間の意味である。子供たちははじめ必死に書き始める。教室は緊張と熱気に包まれる。３つ、４つと書いていき、５つぐらいから鈍り始める。まだ書いている子もいるが、教室全体では、何というか、ほっとした段階が訪れる。それが５分である。

　有田氏は書き始めてからちょうど３分後に「もういいだろう」と声をかけ、３分40秒後に発表させている。子供たちは書きながら発表をするという高度の技を使いこなしている。これは、有田氏という名人級の腕を持った教師が、自分のクラスでやることだから可能なのである。飛び入りの私にできることではない。つまり資料を見せるだけなら３分、意見をノートに書かせるなら５分あたりが原則なのである。

　資料を見せるだけなら３分。資料を見せ作業させるなら５分。これが一つの原則となる。

1 授業をパーツに分ける理由
学習効果が高く飽きない！

新指導要領での社会科の暗記項目は、以下の２つだと書いた。

---

(1) 47都道府県の名称と位置
(2) 六大陸と三海洋の名称と位置

ただ、授業をしていると、各学年いくつか基礎的な事項が出てき、覚えておいた方がいいなと思うこともある。実際、テストができないと、子どもは社会科嫌いになってしまうこともよくあることだ。

例えば次のような事柄は、できることなら覚えた方が便利だ。

---

① 地図記号
② 主な山地や川や海流等
③ 日本の東西南北端の島（南鳥島、与那国島、沖ノ鳥島、択捉）
④ 歴史人物（例示42人）
⑤ 歴史の時代名（縄文、弥生ほか）
⑥ 歴史年号
⑦ 日本国憲法の３つの柱（国民主権・平和主義・基本的人権の尊重）
⑧ 国民の三大義務（納税、勤労、保護する子女に教育を受けさせる義務）
⑨ 日本国憲法の主な条文（例：前文、第9条、第25条など）
⑩ 主な国の国旗

ただし、これらをまとめてどこかでやっても覚えられない。子どもも苦痛だ。

これらの事項を毎時間ちりばめられるといい。そこで重要なのが、１時間の授業をパーツに分けることである。筆者の場合は大体次のような感じになる。

1　フラッシュカード（1分）
2　地名探し（5分）
3　略地図や人物調べ等、基礎事項（5分）

```
4   上記3のミニテスト（5分）
5   教科書の内容（20～25分）
6   資料集（5分）
```

上記の1～4までで各学年の基礎的事項を扱う。

```
3年……地図記号、自分の市の略地図、市章、市の花等
4年……都道府県、自分の県の略地図、県章、県の花等
5年……都道府県、日本の領土、主な山地・川・海流等
6年……歴史人物、時代名、年代（筆者はやりません）、憲法関係
```

　最後は資料集で作業を5分。これは言わば関所である。前年に学級崩壊したクラスを担当したり、社会科の授業だけを担当したこともあるが、最初は授業に参加しない子が何人もいる。

　楽しい授業にすることは前提だ。しかし全く作業しない子もいる。そんなとき、最後に資料集を入れて「合格したら休み時間」とする。最初は結構、子どもと格闘する。確実にやらせる。笑顔だが決して譲らない。そのうちあきらめてやるようになる。慣れてくると、すぐやるようにもなる。

　資料集に答えは書いてある。すぐにやったら休み時間。その方が得だ。ちゃんとしたら得をする……というシステム。やんちゃほど、早くやって休み時間を確保してしまうようになる。それが続くと、だんだん他にも転化する。

　授業をパーツに分ける良さはたくさんある。

```
1   特別支援の子にやさしい
2   学習効果があがる
3   飽きない
```

　特別支援の子にやさしいのは、短くテンポよくやることでドーパミンが出ると言われるからだ。やることが順番に毎回決まっているだけで、自閉圏の子どもたちの同一性保持にもかない安定する。

　新指導要領では、初めて全教科の解説編に「障害のある児童への配慮事項」が明記された。社会科の事項の一つに「学習の順序をわかりやすく説明する」という文面が2回出てくる。安心して学習に取り組める配慮とある。ここからも授業をパーツに分ける重要性がわかる。

更に、学習効果があがることは、以下の本にエビデンスがある。

> 『脳が認める勉強法』ベネディクト・キャリー著／花塚恵訳、ダイヤモンド社、2015年

　長時間まとめてやるより、短期間で続けてやる方がよく覚えられる。飽きないのはもちろんだが、この点でも注意が頻繁に移るADHDの子にとってやさしくなると言えるだろう。

② 1分間フラッシュカード
基本事項を自然に身につけさせる

　社会科の時間は毎時間フラッシュカードから始める。チャイムが鳴ってすぐ。時間にして１、２分程。各学年の内容については次ページから学年ごとに例示している。学習内容に合わせ何でも考えられる。
　短時間で繰り返し学習する方が効果があることは前述したとおりだが、他にもフラッシュカードの効果はある。

> ① 説明がいらない
> ② 視覚・聴覚両方から情報を入力できる
> ③ 短時間で行える
> ④ 自然に授業に突入できる
> ⑤ いつの間にか全員を巻き込むことができる
> ⑥ 活動を伴うのでドーパミンも出て、ADHDの子の活動意欲を満たしやすい

　いつの間にか授業に自然に突入でき、いつの間にか学力がつくところがいい。
　ちなみにフラッシュカードのめくり方は、基本は後ろから前にめくる。その方が教師に次出すカードがわかり、いちいち前を見なくてもすむ。また「フラッシュ」とは一瞬という意味なので、１枚１枚にそんなに時間はかけない。

> ① 教師のあとについて２回言わせる
> ② 教師のあとについて１回言わせる
> ③ 子どもだけで言う

上記にエビデンスがある訳ではないが、これまでの多くの教師により確立した、一番タイミングよく、そして学習事項をいつの間にか覚えてしまう方法ではある。

③ 3年生　1時間の主な流れ
校区まわりのポイント

1　地図記号フラッシュカード（1分）
　　市章、市花、市木、市鳥、市の観光名所フラッシュカード
2　ミニテスト（地図記号や市章など）（5分）
3　地図記号や市章の由来のミニ授業（5分）
4　地図で地名探し（市の地図）（5分）
5　略地図書き（市や県、日本）（5分）
6　副読本の内容（20〜25分程度）
　　（見学やインタビューに持って行くよう、写真などの資料から「行った
　　ことある？」など自分自身の体験を聞いていく）

　上記全てのパーツが揃うのは、大体1学期終わりか2学期くらいからとなる。
　3年生は主に校区や市の学習である。子どもの空間認知は同心円状に広がる。だから3年生では身のまわりから始める。
　低学年社会があったときや、生活科をちゃんと学んでいたら校区を学習しているが、それでも子どもたちの感覚はあやふやだ。
　「市や校区について知る」ことが3年生のねらいとなる（指導要領には「自分たちの住んでいる身近な市や地域」とある）。
　1学期のはじめのうちは次のパーツとなる。

1　地図記号
2　学校周りの地図を書かせる（道路と学校、ゴールだけ書かせる）
3　学校を出発する
4　外で何回かに分け地図に見えた物を書き込ませる
5　帰ってきて色を塗る

　この繰り返しだ。毎時間、校区まわりには行けないので、行った次の時間は「色塗り続き」「見つけた物を発表してください」として、更に地図に書き込ませる。

「怖い犬」や「やさしいおばちゃん」「すごく速いトラクター」など、独自の発見をした子は思い切り褒める。そしてそれらの情報を地図に書かせる。自分だけの地図が出来あがる。

次は、場所を変えて、何回か校区をまわる。「今日は東方面、明日は西方面」など校区も説明せずに何となく教える。途中止まって「こっちが西」などと言って、見えた物を書かせたりもする。方位記号もだんだん書かせていく。

最初は、教室→学校内から始めてその後外へ出かける。慣れてくると、子どもたちはいちいち絵で描くのがめんどくさくなるので自分なりの記号を作り始める。これが地図記号の原理だ。

ここで初めて地図記号の便利さがわかってくる。子どもが描いた物を全体で取り上げ「地図記号では○○だね」とすると、フラッシュカードともつながり、基礎・基本を覚える。

校区を一望するのに、一番いいのは屋上など高い所である。向山氏の実践の中に、屋上に連れて行って「あの看板の下には何がある？」「どっちの土地が高い？（低い？）」等、自転車のこぐ大変さで土地の高さのことを出させるなど、自分の体験を出させる実践がある。

高い所に行った後、グーグルアースを見せる。「この前行った場所だね」「○○君の家は？」などとすると、経験と地図、グーグルアースがつながり、同心円状に空間認知力が高まる。

慣れてきた2学期あたりの通常授業が、大体最初に書いた流れとなる。

はじめは地図記号を5枚程度。大体1年間地図記号だが、たまに「市章」などを自作して入れる。

フラッシュカードが終わると、そのフラッシュカードを黒板に5枚全部置く。「覚えなさい」と指示し、30秒後に「神社」などとそのカードについて言わせながら1枚ずつ取っていく。
「テストします。①から⑤まで番号を打ちなさい」（まずは全体像を確定する。特別支援対応）。「1番、神社と書きなさい→神社の地図記号を書きなさい」（板書：①神社）と、5番までやる。地図記号を書かせて「何の地図記号か書きなさい」と途中に2、3問は入れて変化をもたせる。「答え合わせします」と①から答えを書いていき（子どもに書かせることもある）1個ずつ○をつけていく。

その後、1つだけ選んで→を書かせ「何の形からできましたか？」と由来を書かせる。

その場で教科書や副読本で調べさせることもある。わかったら○をつけさせる。例えば消防などは「昔、火を消した道具」と教科書に書かれている。こうい

うときはもう一歩踏み込む。

どうやって火を消したかノートに説明して持ってらっしゃい

黒板に書かせ質問させると、かなりの割合で討論になる。

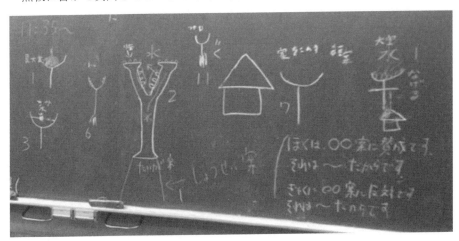

この場合、正解を言わず「次の社会の時間に正解を言いますね」と言う。もしくは「先生もわからないから次までに調べてくるね」などと言う。すると必ず数人は次までに調べてくる子がいる。

「すげーーーーーーーーーーーーーーーーーーーー！！！！」と驚いて発表させると、またまた調べる子も増えてくる。

地名探しや略地図書きは自分の校区や市でする。配布されたものや正進社に「町たんけんスキルセット」を注文すれば作ってくれたりもする。「地名探し」はヒントとして、「東西南北」を言わせると、いつの間にか身につく。

略地図は先生ができるだけ簡単に書いて、子どもたちに教える。

必ず市役所やいくつかの名所、地区名、自分の学校（ここがポイント。だから同心円状になり、指導要領にも自分の位置について書いてある）、方位記号、タイトルを書かせる。通常、地図はタイトルは下に書

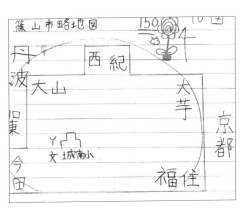

くのが決まりだが、この場合は一番上に筆者は書かせている。これもテストする。

　1学期に自分で書いた地図がここで正確な地図へとつながる。

　また空間認知ができるのである。これで25〜30分くらい。

　残り15〜20分で副読本や教科書の内容に入る。多くの場合は写真から入って「行ったことある人？」「知っていることを言いなさい（書きなさい）」などと入り、自分の体験をもとに話させる。

　発表のあと「おかしいものはありませんか」となると、これまた結構討論になる。「どうやったらわかる？」と聞くと、いろいろ言うが、ここで「見学」や「インタビュー」の調べ学習へと持っていく。

　事前に見学場所の人と打ち合わせしておいて、前述したように、教室からその場で見学依頼の電話をすることもある。そのことで子どもたちにアポの取り方や、丁寧な言葉で対応すること、見学で調べることの大切さ等が自然に伝わる。

　そして見学、まとめ。新しい物の開発、紹介ポスターなどとなり、3年生の単元は修了。

　こんな感じで1年間が終わる。

4年生　1時間の主な流れ
1年かけて都道府県名を！

1　フラッシュカード（県内各地名→都道府県）（1分）

2　地図帳地名探し（5分）

3　略地図書き

　⑴　お手本を写す（5分）

　⑵　練習時間（3分）

　⑶　ミニテスト（5分）→書けたら持ってきて黒板に書かせる→答え合わせ

　⑷　更に練習（5分）

4　教科書の内容（20分くらい）

（5　ノートチェック）

　4年生は都道府県の定着までを1年間かけて行う。1〜3までは連動している。はじめのフラッシュカードが中国地方なら、地図帳も中国地方、略地図書きも中国地方となる。

5月くらいまでと、授業内容で県の学習を行うときは、1〜3までは県のことをやる。例えば兵庫県の場合なら、フラッシュカードは自作で市のフラッシュカード、地名探しは兵庫県2種類（地図帳で2カ所ある）、略地図は県の略地図となる。

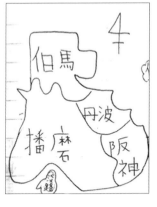

　この場合は、自分の市を必ず書かせる。指導要領に、「県内における自分たちの市と県との地理的位置関係を言い表す」とされているからである。
　兵庫県の場合なら、播磨、但馬、淡路、阪神、丹波の県内5地区と自分の市を書かせる。これだけで大体市の位置がわかる。県庁に見学にも行くので、その時は略地図に印を書かせたり、見学後、グーグルアースで県を鳥瞰して、自分たちの市と県庁所在地の位置（方角と距離）を示したりもする（グーグルアースには直線距離を簡単に測れるものさしがついている）。
　1学期は、主にゴミや水道の学習をするが、このときも、処理施設がいっぱいなので、市で出されたゴミが神戸の海に持って行かれることをグーグルアースで示したりする。そのときも略地図に書かせる。
　このようにまずは自分の県の略地図が書けること、そこに自分の市が書けることが1学期にできると、学習の幅も理解も広がる。

　1学期半ばからは都道府県フラッシュカードや略地図に入る。これは前述したとおりなので省略。
　さて、授業の中心場面は、大体以下のような流れで単元を組む。

1　資料の提示（大体写真）
2　わかったこと、気づいたこと、思ったこと
3　おかしいこと
4　発問「例：最後はどうなるのか」
5　どうやったら調べられるか
6　見学
7　まとめ（見開き2ページなど）
8　討論、または新しい製品やアイディア作り（発表）

ゴミや水については、向山氏の追試では、ゴミや水道の道順をたどっていく。

ゴミなら、教室でゴミを捨てて、その後どうなるのかをずっと書かせ、「最後はどうなるのか」と問う。

　水道なら、学校の水道の1m手前は、またその手前はと書かせていって、「最後はどうなるのか」と問う。

　どちらもノートに最後まで書けたら持ってこさせて黒板に書かせ、最後の部分だけを討論させる。結構議論が白熱する。

　ゴミならパッカー車が来る時間に見学、水なら実際に学校からたどらせる。途中でどちらもわからなくなるので、結局「見学に行こう」ということになる。

　最後のノートチェックのパーツは毎回はやらない。例えば討論の感想を書いて持ってこさせ合格したら終了。調べ方を書かせ、持ってこさせ合格したら終了などを、思いついたときにやっている。

　通常学級でも、特別支援学級で交流学級の社会科をするときでも、ここ最近は荒れた学級を持つことが多く、最後にこのパーツを入れておくだけで、みんな一応は最後までやるようになる。もっとも、途中から授業が面白くなったら、このパーツがなくても大丈夫なので、毎回はやらなくなる。

　特に担任でない場合の荒れた学級での授業は、(最近はかなり荒れたところしか持たないので)最初のうちは毎回ノートチェックをする。自然にやるようになる。

⑤ 5年生　1時間の主な流れ
有効なミニテストあれこれ

> 1　フラッシュカード
> 　(1) 都道府県　(2) 六大陸と三海洋　(3) 海流や山地など
> 2　地図帳で地名探し（外国も）
> 3　略地図書き
> 　(1) 都道府県　(2) 日本全図（北方領土含）　(3) 世界地図
> 4　教科書の内容
> 5　資料集（チェックして終了）

　5年生は都道府県の名称と位置を最終的に覚えさせることが目標である。フラッシュカードや略地図書きも4年生と一緒で次のようにやっている。

> 1　お手本を写す

```
2  ミニテスト
3  再度練習
```

　ミニテストの効果は『脳が認める勉強法』（前掲書）にもエビデンスがある。
（2006年　カービック、ローディガーの実験）
　更に次のようなエビデンスもある。

```
教育心理学者のＴ・ブザン、Ｐ・ラッセン
「45分学習した後、10分後に５分間、１日後に５分間、１週間後に３分
間、１カ月後に３分間、半年後に３分間の復習が効果的」
　間隔をあけることにより、少ない復習時間でも効果的に長期記憶となり想
起が簡単になる。（前掲『脳が認める勉強法』）
```

　以前「アメーバゲーム」が流行った。かなり有効だと思っている。原実践は小
松眞氏。
　TOSSランドにもやり方は複数載っている。
http://www.tos-land.net/teaching_plan/contents/5581（詳細は左記を参考）
　筆者の場合は、隣接県の多い長野県もしくは自分の県の兵庫県からスタートす
る。ボーナス点は最初に「海のない県は２点」「富士山のある２つの県は３点」
など適当に決めると地理的なことも学べる。また次のようなボーナス点をたまに
作る。

```
1  レタス生産日本一の都道府県は３点
2  自動車生産量が一番多い都道府県は４点
3  人口が一番多い都道府県は３点
4  人口密度が一番低い都道府県は４点
5  日本一長い川が流れている都道府県は５点
6  四大工業地帯のある都道府県一つにつき２点……etc
```

　こうすると得点を数える時、地図帳を見ながら調べることになる。知識も身に
つく。学習内容も知らず知らずのうちにやってしまっている。「今日のボーナス
点は○○さん決めて」等と言うと、日常的に地図帳の統計の欄を見て社会科物知
りな子が何人か登場したりする。
「姫路城のあるところ」「別府地獄温泉がある場所」など、自分の行った観光地

を言う子も出てくる。旅行に行ったときのパンフレットを教室に持ち込む子も出てくる。

　都道府県のミニテストは、正進社資料集の白地図で２学期後半くらいから行う。最初は写して、ミニテストをしたりと、後ろの世界地図でもやる。ポイントは楽しんでやること。

　義務化するといっぺんに面白くなってしまう……。

　最後の資料集は、５、６年を持ったときには必ずやる。「合格」で休み時間になるやり方をするのも達成感があるのかもしれない。資料集の資料ウオッチ、言葉のまとめ、または作業帳ページをやらせて持ってきて合格したら授業終了である。

　答えが載っているので必ずできて達成感もあがるのであろう。

6　６年生　１時間の主な流れ（人物調べ）
時代のキーワードから時代のイメージをつくる

1　フラッシュカード（１分）
　⑴ 人物　⑵ 時代名
　（時代名フラッシュカードのときは、時代順のミニテスト）
2　人物調べ（５分……初めの頃は10分）
3　教科書の内容（30分弱）
　⑴ イラストの読み取り→発問→調べ学習
　⑵ 向山氏の歴史学習追試
4　資料集（作業帳）（５分）

　フラッシュカード「時代名」は自作。縄文、弥生……平成、令和までで、これから学習する教科書の範囲（大単元ごとに４〜５くらいかな）をやる。

　その後、ノートに時代順に番号を書かせミニテスト。覚えると言うよりは、時代名がわかると大体教科書の内容も事件の背景もわかってくる。

　最初に時代をずっと書いていって「狩り・牧畜」「農業」「貴族」など時代のキーワードをノートに書かせる時間もとる。これはこれで１時間の授業となる。

　その後やるのが「人物調べ」。時間は５〜10分。

1　範囲は資料集などからの42人の例示人物
2　最初の１人は卑弥呼でやり方を示す

---

3 内容は、次をノート1ページに自分で自由にレイアウトする
　⑴ 人物名　⑵ 時代　⑶ 似顔絵　⑷ やったこと　⑸ 感想
4 1人完成するたびに、ノートを持ってこさせる
5 合格したら次の人物を自分で選んでやる

上記の繰り返し。色も塗らせる。この活動は、子どもたちはとっても好きだ。家から本を持ってくる子も多数いる。図書室から借りる子も多数いる。

評定は合格・不合格のみ。

スカスカのものは不合格で、びっしり書かせる。1年間で大体の子は、例示42人の人物調べは終わってしまう。

最初の頃は慣れないことや、興味を持ちはじめているので10分ほど時間を取る。慣れてくると5分でいい。集中してやっている。教師が教室に行く前から多くの子がやっているようになる。

例示の42人が終わったら、あとの人物は自由。上杉謙信だろうが伊達政宗だろうが誰でもOK。これでまた資料を持ってくる子も増える。自分のペースで、自分の好きな人物順にやれるので、子どもたちにも好評で、自然に人物を覚える。感想も書くので、尊敬する歴史人物が自然にできたりもする。

時代ごとに見開き2ページに教科書資料集をまとめることもよく行う。「ノートを見ながらテストします」と市販テストをやらせることもある。

授業の多くは、向山氏の歴史授業の追試。以下が発問だけ載っている向山氏の1年間の歴史授業の流れ。これをもとに自分で細かいところは想像しながら行っている。

1 地球の歴史
　⑴ 初めて上陸したのは植物か動物か
　⑵ 両生類よりは虫類が高級なのはなぜか
　⑶ は虫類よりほ乳類が高級なのはなぜか
　⑷ コケ類→シダ植物→裸子植物→被子植物の変化
　⑸ 恐竜はなぜ滅んだか

2 人間の歴史
　⑴ 地球の歴史と人間の歴史を長さに例えて比べよう
　⑵ あなたの先祖は何人いるか
　⑶ 人間は他の動物とどこが違うのか
　⑷ 「狩り→牧畜、採集→農耕」この変化によって生活はどう変わったか
　⑸ 農耕を支える文化（縄文から弥生へ）

3 卑弥呼はどこにいたか「まぼろしの邪馬台国」
　⑴ 倭人伝を読もう
　⑵ 邪馬台国論争の中ではどう言われているか
　⑶ 邪馬台国をさがそう
　⑷ 邪馬台国へのルポルタージュ

4 貴族から武士へ
　⑴ 学校近くの古墳
　⑵ 一族の連合（天皇・蘇我連合→天皇・藤原連合→天皇……）
　⑶ 大きな国家の条件（大化の改新、大仏建立）
　⑷ 口分田は何をもたらしたか
　⑸ 人々の生活「貧窮問答歌」
　⑹ 人々の生活「百人一首」
　⑺ 武士のおこり
　⑻ 作業「年表作り」「義経はジンギスカンになったのか」

5 戦国時代
　⑴ 武家社会のしくみ（ご恩と奉公）
　⑵ 元が攻めてきたのはいつか
　⑶ 「鎌倉・室町」「戦国時代」は、ひと言で言ってどんな時代か
　⑷ 時代を代表する人物を１人選び、調べなさい
　⑸ その人物はどのように生きようとしましたか（生きましたか）
　⑹ 証拠となるエピソードを５つ選びなさい

6 徳川一族のねらい
　⑴ 徳川の世を長続きさせるために何をしましたか
　⑵ 最も大切な策は何でしたか

(3) 江戸時代はどんな時代と言えますか
(4) 江戸時代の不満はどうたまっていきましたか
(5) 戦国時代と江戸時代、どちらが好きですか

7　近代日本の出発
(1) 明治時代になって何が変わりましたか
(2) 明治時代になって新しく入ってきたものを調べなさい
(3) 学問の仕組みはどう変わりましたか
(4) 本当に四民平等の社会になりましたか

どの時代でも、盛り上がるのは次の発問だ。

○○時代と○○時代、タイムマシンに乗って行くならどっち？

　時代の内容も調べられ、授業も早く進む。
　また、長篠の戦いの絵を見せて「日本一のクラスは400見つけた。みんなも挑戦しよう……」と1時間絵の読み取りだけをさせたこともあった。背面黒板も使い、びっしり黒板に書かせ、400以上の意見が出たこともあった。

第Ⅳ章　歴史授業の設計を考える

(1) 人物中心の歴史授業

2018年5月4日付読売新聞。高校、大学教員らで構成される「高大連携歴史教育研究会」が、高校教科書に載せる用語を現在の3500語程度から約1600語に精選し、脱「暗記」教科を示している。

2022年から高校では、日本史と世界史を融合させた「歴史総合」が必修となる。これもグローバル化とアクティブ・ラーニングが理由だ。

AIの進化により、世の中は、確かに暗記から議論・思考を重視する傾向に変化しつつある。

小学校の歴史授業。教科書をさーっと覚えさせたり、年号を覚えさせたり、時代と時代の関係に深く入りすぎたりして、歴史授業が長引く。ひどいときは2学期までずっと歴史ということもよく聞く。

かくいう筆者も一番最初に6年生を担任したときは、歴史好きが災い？　して3学期になってやっと政治単元に入ったということもあった。

ちなみに新指導要領から6年生は「政治→歴史→国際関係」の授業順になる。グローバル化、そしてシンギュラリティに伴い、現在の政治を最初にきちんと学んでおこうという趣旨である。

話を本題に戻そう。

歴史授業に重要なのは次の2つだ。

1　人物　　2　文化遺産

向山氏のQ&Aからまずは引用する。

Q

　人物や文化遺産を扱うときの留意点は何ですか？

A

　粗く言う。小学校で学ぶ歴史は通史ではない。また、通史にしてはならない。「歴史的事象を網羅的に扱うことのないよう留意する」によっても明白である。

　また、歴史的事象・人物・文化遺産については、「その人物や文化遺産を通じて」とある。教材もこの点から限定されてくる。

「人物を通じて」「文化遺産を通じて」学習は展開されるのである。
　　こうした授業は楽しいが、時間もかかるだろう。「精選する必要がある」
という文を読み落としてはなるまい。
　　　　　　　　　　　（『向山型社会科授業づくりQ＆A小事典』明治図書）

現行の指導要領はどうなっているだろう。以下がその記述である。

＜現行指導要領解説より抜粋＞
74p　第6学年の目標及び内容 2 内容 (1)
小学校の歴史学習では、通史的に展開し知識を「網羅的に覚えさせるのでは
なく」
1
国土に残る遺跡や文化遺産を「調べ」たり
2
年表や文章資料等の資料を「活用」したりして
3
人物の願いや働き文化遺産の意味などを「考え」
4
我が国の歴史に対する興味・関心や愛情を「育てる」ようにすることを求め
ている。

84p　第6学年の目標及び内容「内容の取り扱い」(1)
小学校の歴史学習において、歴史上の細かな出来事や年号などを「覚えさせ
ることより」
1
まず我が国の「歴史に対する興味・関心を持たせ」
2
「歴史を学ぶ楽しさ」を味わわせ
3
その「大切さに気づく」ようにすることを重視している。

＜新指導要領抜粋＞
1

大まかな歴史を理解することとは、

2
政治の中心地や世の中の様子によって分けたいくつかの時期における世の中の動きを

3
人物の業績や優れた文化遺産を通して捉え、

4
我が国が歩んできた歴史を大まかに理解することである。

5
従って、小学校では歴史を通史として事象を網羅的に取り扱うものではないことに留意する必要がある。

6
資料については、人物の肖像画や伝記、エピソード（逸話）などによって、人物への関心や調べる意欲を高めることも考えられる。

7
歴史を学ぶ意味を考えるとは、歴史学習の全体を通して、歴史から何が学べるか、歴史をなぜ学ぶのかなど、歴史を学ぶ目的や大切さなどについて考えることである。

8
例えば、我が国の伝統や文化は長い歴史の中で育まれてきたことを踏まえ、過去の出来事は現代とどのような関わりをもっているかなど、過去の出来事と今日の自分たちの生活や社会との関連や、歴史から学んだことをどのように生かしていくかなど国家及び社会の発展を考えることである。

9
小学校の歴史学習においては、歴史上の主な出来事や年号などを覚えることだけでなく、我が国の歴史に対する興味・関心をもち、歴史を学ぶ楽しさを味わわせるとともに、歴史を学ぶことの大切さに気付くようにする必要がある。

10
人物の働きや代表的な文化遺産を中心とした学習の効果を高めるためには、内容のアの(ア)から(サ)までに示した事象を取り扱う授業時数に軽重を付けるなど、単元の構成を工夫する必要がある。

歴史の授業は人物と文化遺産を中心にする。そして暗記ではない。

(2) 歴史は、何をどう理解させるのか

　歴史教育で理解させることとは何か。向山氏は一言で言うと「時代の変化を理解させること」と述べている。

Q

　小学校での歴史教育では、具体的に何をどのように理解させたらいいのですか

A

　小学校の歴史教育の目的は何か。この点を私なりに考えてみた。「社会的な認識を育てること」。このように仮定する。さらに分析してみる。歴史教育において「社会的な認識を育てる」とは何か。それは次のようなことを理解させることではないか。

　　1　社会は変化してきた
　　2　ある時代に変化したことは、次の時代に存続した
　　3　変化には原因があった
　　4　変化には初めがあった
　　5　変化には順番があった
　　6　変化には方向があった
　　7　変化がゆきわたるのには時間がかかった

　つまり「社会の変化」を理解させることではないか。そのためには、時代を細かく授業するより、大づかみに粗く授業をした方がよい。
　この変化の比較を何ですればよいのか。例えば、文化遺産（住居など）でもできる。政治の仕組みでもできる。しかし、変化は人間の生活そのものに現れたのではないか。人間の生活が変わったからこそ、それは「社会の変化」なのである。また、人間の生き方を通してこそ、歴史は具体的な像を描けるのである。
　しかし、その時の資料はできるだけ原典のものがよい。資料を分析して、あれこれと考えていくことは、学問には不可欠の条件である。資料なしに、社会の変化を語るべきではない。
　以上のことをまとめる。

　「社会の変化」を理解させる授業では、次の配慮が必要になる。

（向山洋一全集７『知的追求・向山型社会科授業』明治図書）

歴史の授業の原則を以下２点まとめる。

1　歴史は変化をつかめばいい
2　そのためには次のことが必要である
　⑴ 人物を通す　⑵ 資料を通す

要するに時代の比較ができると言ってもいいかもしれない。

1　初めて○○したのは何（誰）か
　例：初めて上陸したのは植物か動物か、諭吉は横浜で初めて何を見たか
　※「初めて」を問うと、その前後を考え調べる

2　○○の変化によって、生活はどう変わったか
　例：狩りから牧畜、採集から農耕によって、生活はどう変わったか
　口分田は何をもたらしたのか
　江戸から明治になって、何が変わったのか（2枚の絵の比較）
　戦争が終わってから生活はどう変わったか（2枚の写真の比較）
　※○○は出来事が入る。その出来事の前後を考え変化に気づく。その○
　　○が時代の大きな転換期ともなる

3　○○はいつか
　例：元が攻めてきたのはいつか
　グラフが激減（増）したのはいつか（人口など）
　※これもトピックを問う。出来事自体の時間を問うことで、その時代ま
　　たは前後を鳥瞰できる。

4　○○時代をひと言で言うと、どんな時代か
　例：戦国時代→ご恩と奉公

※これは有名。向山氏の例では、この戦国時代や縄文時代では「狩猟と採集の時代」弥生時代では「農耕と牧畜の時代」となる。これも時代を比較し、大きな特徴を捉える。

5　本当に○○になりましたか
　　例：本当に四民平等の社会になりましたか。本当に平和になりましたか
　　※通説ではなく、その前後の具体的な出来事をもとに考える。比較であり鳥瞰でもあろう。

向山氏の発問はこうしてみると時代の変化や時代を大まかに表す言葉が多い。江戸時代の実践も次のようになる。

1　政策を調べる
2　最も大切な策は何か
3　江戸時代はどんな時代か
4　不満はどうたまっていったか
5　戦国時代と江戸時代、どちらが好きですか

のように、時代を大まかに把握し、不満により変化が起こり、最後は前の時代との比較をしている。

「変化」「他との比較」がキーワードだ。

今だったら次のような問いができるだろう。

1　シンギュラリティによって、どんな変化が起こるか思いつくだけ予想しなさい
2　北朝鮮が崩壊したら、日本に何が起こるか予想して書きなさい
3　野菜工場は農業にどんな変化を起こすだろう
4　東京オリンピック・パラリンピックが日本にもたらすもの
5　自動運転は輸送に何をもたらすか

まだ粗い。もう少し吟味してみよう。向山氏は発問を思いつく際、「子どもの活動が目に浮かぶ」と言われる。上記ではまだ思い描けない。

第Ⅴ章　子どもを調べ学習に誘うSTEP7

社会科はできるだけ見学に行きたい。実物である具体物を見るのが一番理解できる。

次が反具体物である写真や映像。そして統計資料・文書資料の順となるだろう。特に３、４年生は見学を単元に組み込む。それ自体が「調べ学習」にもなる。以下、見学を中心に据えた単元構成STEP7。

```
1   写真の読み取り
2   課題の設定
3   調べ方を考える
4   見学に行く
5   まとめる（KJ法）
6   討論する
7   未来の（新しい）○○を考える
```

以下、消防の仕事を例に取る（新指導要領では３年生に移行。なおさら見学がいい）。

1　写真の読み取り
(1) 火災現場の写真「わかったこと、気づいたこと、思ったこと」
(2) おかしいことはなんですか（討論）

2　課題の設定
＜上記(2)で問題になったことが、そのままここでの課題になる。なかったら教師から討論テーマを提示＞
（例：どの色の服の人が一番最初に火災現場に行くか）

3　調べ方を考える
(1) どうやったら調べられますか。思いつくだけ箇条書きにしなさい
　　（発表→列挙）
(2) 実際に調べられそうなことには○、無理なら×、がんばったらできるかなと思うものに△をつけなさい（限定）
(3) 見学に行けるか電話してみます（事前に見学許可をもらっておく。授業中電話をかける許可ももらっておく）

★実際に電話をかけるところを見せることで、見学場所での質問マナーの手本にもなる

4　見学に行く

(1) 事前に教室で

① 教室で目につく物を何でもいいから箇条書きにしなさい（番号ごとに3行あけさせる）

② なぜそれは教室にあるのか、あいている行に矢印をして書きなさい（例：電気→明るくして作業しやすいようにするため）

③ 工場でも、そこにあるものは必ず何かしらの理由があります

④ 新しいページに○○見学と書いて、目についた物を書きなさい

⑤ 見学に行ったら、目についた物を何でもいいからできるだけたくさん箇条書きにしておきなさい

⑥ その他、質問したいことがあったら書いておきなさい

⑦ 気をつけることも書いておきなさい（勝手に触らないなど）

(2) 見学場所で

①「もう書き始めている人？」すごいねえ——————！！！

②「何個書いた？」すごいねえ——————！！！

③「質問ある人？」すごいねえ——————！！！

④「質問の答えもメモした人？」すごいねえ——————！！！

⑤「○○さんのお話しもメモした人？」すごいねえ——————！！！

★とにかく褒めまくる……というより驚いてあげる

5　まとめる（KJ法）

(1) 何個書いたか確認。名簿に数字を記入「見るのをがんばった人もいるからそれはそれでもちろんいいんですよ」とフォローも

(2) 矢印をして、それがなぜそこにあるのか書き入れなさい（1人の活動→お友達と書いてもよろしい）

(3) すごいなあと思った物とその理由をカード（TOSSメモ）に1枚に1つずつ、3つ選んで書きなさい

(4) グループで似ている物を集めて、タイトルをつけなさい。大体3〜5つのグループに分ける

＜これでカテゴリーごとに消防の工夫に【気づく】＞

★もちろんノート見開き2ページにまとめてもいいのだが、年に一度くらいは上記のようにKJ法にするのもいいだろう

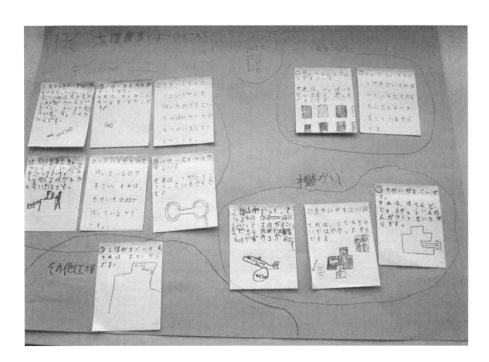

6 討論する

(1) 一番すごいなと思う物を1つグループで決めて黒板に書きに来なさい
　　＜これで吟味し選択するので、消防の工夫を【理解】する＞

(2) おかしいものがあったら発表しなさい（討論）＜同様に【理解】する＞

7　未来の（新しい）○○を考える

　（1）未来の消防現場を絵と文に書きなさい（実物投影機などで発表）

　（他にも）新しい消防車を考えなさい

★農業・工業単元だったら「○○を使った新しい商品を考えなさい」

★他にも「コマーシャルを作る」「ポスターを作る」という表現もあり得る

....

　見学は、目についた物を箇条書きにさせる。向山氏は次のように書いている。

　工場見学に行ったら、記録する前に子供達に指示します。

「目に付いたことを全部記録するようにしなさい」

　例えば、この劇場（講座が開かれていた「きゅりあん」）で言えば、左側に時計の表示がある、赤で禁煙と書かれてある等（略）、そういったレベルならば、たくさんの項目を子供達が書けるのです。

　実は、その一つ一つが工場の工夫であるのです。なぜ、そのようにするのか。なぜ、線があるのか。なぜ、こんな灯りを使うのか。それは、一つ一つ工場の工夫が示され、それらが全体通して集合したとき、工場見学の大きな枠組みがみえてきます。

　子供達に、工場見学させるときには、何よりも現場の具体的な事実、小さなことでもひろってくるのです。

　　　　　　　（『「再現する学習」で創る向山式社会科授業』明治図書）

　上記の消防単元は、向山氏の工場見学の指導と戦国時代の KJ 法を合体させたもの。

　消防署の見学は上記と目的は同じ。列挙するだけで工夫に【気づく】。

　そこに理由を書き込ませることで、現場の工夫がはっきりとする。

　さらに KJ 法にすると、カテゴリーを自分で考え、工夫の視点、今で言う「社会的な見方・考え方」の視点を見つけることができる。

　そして討論することで、他との比較・自分の結論を持つことで【理解する】ことにもつながる。

　全単元やることもないが、年に 1・2 度は KJ 法をすると、子どもたちも慣れてくる。活動が目に見えるので面白い授業にもなる。

1　良い発問の条件とは

⑴ 向山氏の良い発問の条件

向山氏は良い発問の条件を３つ述べている。

1　知覚語で問え（宇佐美寛氏の仮説が元）

（例：バスの運転手さんは何を見ていますか）

2　選択させる言葉で問え

（例：車掌の笛は誰に聞かせていますか。ペリーはどちらまわりで来たのですか。多摩川の水は誰のものですか）

3　発見させる言葉で問え

（例：写真のわきお、２つの資料を比べて不思議だな変だな）

（「発問の法則を求めて」「社会科教育」86 年 7 月号）

向山氏は上記以外にも次の手法をよく使われると思う。

拡散的発問→ 集約的発問

簡単に言うと「たくさん書かせ」「選択させる」ともなる。

例えば、江戸時代の授業「徳川一族のねらい」

1　徳川の世を長続きさせるために何をしましたか

2　最も大切な策は何でしたか

1は、たくさん書かせる。更に「何をしたか」は知覚語にもなる。そして１つだけ選ばせる。

これは戦国時代のエピソードも一緒だ。

1　その人物はどのように生きようとしましたか

2　証拠となるエピソードを５つ選びなさい

3　最もふさわしいエピソードは何ですか

実物資料集の発問群には２までだが、子どものノートには３の「最もふさわしい〜」がある。

15 年戦争の授業も 15 の事件を書かせ、「止められるならどこか」を選択する。

例えば、見学場所に行って「目についた物」を書かせる。変換させて「すごいものは何ですか」と拡散的に書かせる。そして「一番すごいのは」と選択させる

と、それらを比較・分析させ、1つの考え（仮説）を子どもが創り出す。

```
1  知覚語  2  選択  3  発見  4  拡散  5  集約（選択）
```

これらが1つのキーワードとなる。

(2) 岩田一彦氏の概念探求型社会科の単元構成と発問

岩田一彦氏は谷先生の大学院時代の指導教官でもある。筆者も新任の（講師だったが）2年間、社会科を岩田氏から学んだ。

岩田氏は発問の種類を「問いの種類」として、次のように分類している。

```
1  情報を求める問い（When、Where、Who、What）→記述的知識
   （How）→分析的知識
2  情報間の関係を求める問い（Why）→説明的知識（社会の法則・原因と
   結果）
3  価値判断を求める問い（Which）→規範的知識（〜なので〜すべき）
```

岩田氏の理論は、「原因と結果」を説明できることで社会科がわかることであり、そのためには「Why」発問にも説明できなければならないと述べている。

岩田氏は上記を踏まえた上で、次のように述べ、有田和正氏の発問を例として出している。

```
「発問は社会科授業設計において中心をなす重要な課題である。それにも拘
らず発問に中心を置いた授業研究の蓄積は必ずしも豊富なものではなかっ
た。この状況の転機に「教育技術の法則化運動」の果たした役割は非常に大
きい。この運動とのかかわりで、発問研究が数多く出るようになった」
＜有田和正氏の発問＞
1  これでポストを作りたいのだけど、どうかな
2  沖縄にはまっすぐなさとうきびはありません。どうして曲がっているの
   でしょう
```

HowとWhy。「どのように」と「なぜ」。向山氏の『実物資料集』第7巻（1981年、明治図書）には北俊夫氏の次の主張が引用されている。

「人物を扱うときに＜なぜ、……したか＞という問いは避けるべきではない
か。それは答えようがない。＜どのように……したか＞と問うべきである」

　これを受け、向山氏は「人物を扱う上で動機を追究すべきではない、行為を追
究すべきである」と述べている。ちなみに向山氏は「社会科教育」誌にも、歴史
の授業に人物の吹き出し（台詞）を書かせるのは「人の心境の短絡的思考」とも
述べている。

　この部分がいつの間にか独り歩きしているのかもしれない。

　「社会科の発問は Why ではなく How がいい」と聞くことがある。向山氏が書
かれているのは「人物」である。岩田氏の理論で行くと、社会科がわかるのは「原
因と結果がわかること」である。そのためには「＜なぜ＞発問」にも答えられる
ことが「原因と結果の社会法則」がわかることにもつながると今は考えている。

(3) 有田氏の「社会科発問の定石化」に見る発問の条件

　社会科の大実践家有田和正氏の発問は数多く有名なものがある。この章の最初
にあげた「知覚語で問え」の宇佐美氏のもとは有田氏の「バスの運転手」の発問
である。

　有田氏が発問を意識されたのは次の２つからだという。

（戦争映画の面白いところを聞いた後に）
1　バタバタと倒れていく、あれが君たちのお父さんや、兄さんだったらど
　　うですか
（作ったポストの発表で）
2　屋根がつけにくいなら無理につけなくていいじゃないか。屋根なんかい
　　らないよ

　この２つの発問を聞いて「これが授業だ」と有田氏は衝撃を受けたという。
　有田氏の発問の主張を引用していく。

1　発問の定義
　　発問は、子供の能力を基底にして、子供の追究活動を方向付けたり、刺激
　したり、規制したりするものである。したがって発問は、教材のねらい、
　特質、構造などによって規制されるとともに、子供の意識や認識度によっ

て左右される

2　発問の目的
　　⑴　子供たちから、何らかの情報を入手しようとする意図をもっている
　　⑵　子供たちと、教材と新鮮な出会いをさせて、問題を確かに持たせ、追
　　　究の仕方を意識させ、追究的にすることをめざしている
　　⑶　子供たちが、自らの力で教材に立ち向かって、問題解決を進めてい
　　　くことを目指している。（活発な追究活動が行われること）

3　子供を動かす発問
　　⑴　思考を焦点化する発問（吉本均氏は限定発問と呼ぶ）
　　　（例：郵便屋さんの配達する道順は、きまりはあるか）
　　⑵　思考を拡散する発問
　　　（例：元軍の船は誰が作ったのか、元の大軍はどんな人たちで構成され
　　　ていたか）
　　⑶　思考を深化させる発問
　　　　　①　比較させる　　②　因果関係に気づかせる　　③　発展性や関連性に目
　　　をつけさせる　　④　ささえられている条件に気づかせる
　　　（嬬恋村のきゃべつは、春は低い所で、夏は高い所まで作るという子供
　　　の意見を受けて）
　　　（例：そんなばかなことはない。機械を使っていっせいに種まきした
　　　方が能率的に出来る）

★それまでの知識や経験をゆさぶり、今までの見方、考え方に疑問を持たせ、
　新しい認識に至らしめようとするものである

4　発問で配慮したいこと
　⑴　なぜ、どうしては禁句
　　　難しくなり、教師でも答えられないことが多い。参考書的になっていく
　⑵　簡潔明瞭で、子供の反応に即すること（多様な反応が期待できる）
　⑶　ムダな発問をして、子供の思考を混乱させない
　⑷　子供が考える時間も発問に含める
　⑸　反応の早い子供にのらないこと

　　　　　　　　　　　　　　　（『社会科発問の定石化』明治図書）

76

ここでも「なぜ」と「どのように」が出てくる。「なぜ」は禁句と有田氏は述べている。

　これはネタ論の有田氏だからかもしれない。有田氏の発問は「なぜ」と聞かなくても「事象間の関係」がわかる。「誰に聞かせるのか」という発問だと、「なぜその人にか」という理由を自然に考えている。いい発問は「なぜ」を自然に考えてしまう。

　これはまさに今のTOSSや向山型に通じる。この場合の「なぜ」と岩田氏の「<なぜ>発問」は若干ニュアンスが違うであろう。例えば、向山氏の「青森のりんご」。これは「なぜ青森は日本一になったのか。気候以外で考えてみよう」ということである。「なぜ」の理由、つまり社会事象の原因は決して1つではない、複数ある。

　統計で、あるグラフの増減の原因が複数あることを追究することを「共分散構造分析」という。複数あることを授業すること、事実にこだわることが「なぜ」発問を生かし、社会を説明する力、そして未来を創る発問へと広がる。

2 無理・無駄のある発問とは

　逆に無駄な発問を考えてみる。以下、向山氏の言葉から7つにまとめる。

1　知っていることを延々と聞く発問
2　長い発問
3　言うたびに変化する発問
4　語尾が不明確な発問
5　主語のない発問
6　子どもの答えにいちいち反応して行う発問
7　中心からずれている発問

（『向山型社会科づくりQ&A小事典』明治図書）

Q　ムダ・ムリのある発問とは、どのような発問のことですか？
A　①ムダな発問とは、すでに知っていることを延々と聞くことである
　　②ムリな発問とは、意味が不明な発問である
　　例えば、次のような発問である
　　　1　短く言い切れない発問

   2　言うたびに言葉が微妙に変化する発問

   3　語尾が不明瞭である発問（作業指示が示されていない発問）

   4　主語のない発問

　③ムラのある発問とは、いちいち子どもの答えに反応していて、中心からずれてしまった発問である。

　以上のどれか１つのマイナスでもあれば授業はうまくいかない。このことを目的と手段との関連で考えることができる。

　ムダというのは、発問という手段を使いながら、あまりにも得られる成果（目的）が小さいことを言う。ムリというのは、正統な成果（目的）を得るためには、手段としての発問があまりにもおそまつなことを言う。ムラというのは、目的と手段とのアンバランスがいろいろな形で存在することをいう。

（『授業の知的組み立て方』明治図書）

....

　「子どもに指名して答えさせ、その答えにいちいち反応しない方がいい」ことを若いとき、谷先生に教えていただいた。第２回法則化社会全国大会で「水産業（遠洋漁業）」の授業をした。「遠洋漁業はなぜがくんと減ったのか。200海里以外に答えを自由に予想しなさい」と発問した。主発問だ。サークルの模擬授業で筆者は子役の先生方にいちいち対応した。「そうじゃない」「なるほど、いい考えだね」「○○とはいいですね。それは～の考えだ」などである。

　当時、筆者は向山実践は当然だが、社会科として有田実践にもあこがれ、有田氏の名人級の対応を真似ていた。当然、天と地以上の大きな大きな差がある。しかし若い頃はこれがわからなかった。谷先生は授業を見て一言、

　いちいち対応しません。授業をどこに持っていかれるか、全部対応されるとわからなくなって、子どもは不安になる

と言われた。この場面は今でも鮮明に覚えている。「いちいち対応しない」という技術を学んだ。授業はスムーズに……というか、本論にまっすぐ進んだ。

　今考えると、上の向山氏の③にあたる。

---

　③ムラのある発問とは、いちいち子どもの答えに反応していて、中心からずれてしまった発問である

　いちいち反応すると、中心からずれて、骨太の授業にならないのである。

授業とは骨太に中心に向かってまっすぐに進むもの。

荒れたクラスで授業するときも、「対応しない」よう淡々と授業をすすめる。これだけでいつの間にか静かになる。対応すればするほど、教室は騒然となる。

要は発問がいいかどうか。これが授業の本質だと、荒れたクラスで授業すると心底思う。

3 発問と指示のセット

指示と発問はセットである。例えば発問だけだと次のようになる。

「この写真からわかる米作りの工夫はなんでしょう」

これだけだと、口々に思いついた子どもだけが言って授業は終了である。参加しない子どもも出てくる。言って終わりでは単元の目標も達成されたかどうかわからない。

通常、TOSSや向山型では、その後に指示が加わる。

この写真からわかる米作りの工夫はなんでしょう。思いつくだけノートに箇条書きにしなさい。……書けたら持ってらっしゃい……黒板に書いて……発表して……点数をつけます……おかしい意見を発表して……

このような授業展開になる。発問と指示をセットにすることを最初に論文として発表し世間に広めたのも法則化の大きな仕事だったと思う。

通常の場合、「列挙」→「1つ選ばせる」と様々な意見が出て、更に、上記のように「おかしいもの」を言わせると討論になり、授業のねらいも達成できる。

討論の時に「違うと思うもの」から消していき、最後に2つにさせるのと大意は同じだ。

【拡散できる発問・指示のセット】→【列挙】→【限定】となるのがいい。その方が授業も活発になる。

経験の浅い場合、発問だけになることが多い。発問も最後まで言い切らないこともある。

「この写真の米作りの工夫って……」これだけで察しのいい子どもは答えるだろう。もしくは鍛えられた学級の2学期くらいの授業ならいいだろう。

全員を授業に参加させる。とりわけ曖昧さがわからない発達障害の子にとっては何をしてよいかわからない。

これだけでも、発問・指示をセットにする必要性がある。

向山氏は次のように述べている。

1　指示が重要なのは「学習活動を集中させるため」である。
　指示が悪いと授業は散漫になる。指示が良いと授業は集中する。集中するとは、つまり、そのことだけをするようになることであり、そのことだけを考えるようになることである。

2　発問が大切なのは「子供の考えを引き出す」ことにある。
　悪い発問をすると、決まり切った答えしか出てこない。良い発問をすると、いろいろな答えが出てくる。つまり、良い発問は、子供の思考活動を活発にし、多面的にするのである。

3　もちろん「発問と指示」が一緒にされることもある。
「2つのグラフから考えられることをノートに書きなさい」というような場合である。
　これは「2つのグラフから考えられることは何ですか」という発問と「考えられることをノートに書きなさい」という指示が一緒になったのである。
　子供の考えが多面的に広がるような時、あるいは鋭く対立する2つの意見に分かれるような時、【子供の考えを途中で確定させるために、ノートに書かせる】作業を行わせる、つまり【「子供の揺れ動く考え」を、ある一点でストップさせるのである】【ノートに固定化させるのである】。
　そうでないと、話し合いが分散していくことがあるからである。ノートに書いてから発表させるのは、主にこのためである。
（向山洋一全集44『向山型社会・研究の方法』明治図書）

新指導要領社会科のキーワードの一つが「多面的」である。それは「対話」につながり「深い学び」につながる。AIの新時代、これまでなかったような創造性が必要である。
　そのために社会をあらゆる面から見直すことが必要だ。これがグローバルであり、世界の多様性（ダイバーシティ）にもつながる。
　社会科とは「人間が作った世の中」を学習する教科だ。世の中の人間が起こす「原因と結果」の関係性を理解する学問であり、人の世の法則性を学習する教科でもある。時代がすすむにつれ、その法則性は多面化する。
　そのことも上の向山氏の論文には出ている。「子供の考えを多面的に広げるた

め」にも、発問と指示はセットになるべきだ。

　国語の野口芳宏氏はこのことを「小刻みな作業指示」と呼んだ。○×を確定させる、ノートに考えを書かせる。発問と指示のセットだ。

　有田和正氏の場合は、はてな帳だし、資料から疑問を書かせることもそうだろう。

　芦田恵之助の『教式と教壇』（明治図書）にも「よむ・とく・かく」と出てくる。「書かせなければ書けない」「書かせれば書ける」とも出てくる。

　このあたりは「教育の継承と発展」だろう。

　発問と指示はセットとし、作業指示にする。拡散する発問で多面的な見方・考え方を育て、発問することにより、より深く学び、内容を吟味させる。

　これも社会科の一つの手法である。

4　提案　社会科におけるいい発問8つの条件

1　拡散する発問
　写真のわきお（わかったこと、気づいたこと、思ったこと）の指示（前述）
　（できるだけたくさん○○（例：徳川の世を長続きさせた政策）を書き
　なさい）
2　それを集約（選択）する発問
　（最も大切なものを選びなさい）
3　知覚語で問う
　（誰に聞かせるのですか）（どこを見ているのですか）（何が聞こえますか）
4　選択させる発問
　（多摩川の水は誰のもの？）（15年戦争で15の事件を選ぶ）（写真から
　順番を問う）
　（両者の比較：行くならどっちの時代）
5　発見させる発問
　（写真のわきお、見学での目に付いた物）
6　どのように等「過程」を問う発問
　（例：戦国時代：この人はどのように生きようとしましたか）
7　価値を問う発問
　（雪国の人は損ではないか）（工場で一番すごい工夫は何か）（公平か不
　公平か）

向山氏は良い発問の条件を次の３つと述べている。

1　知覚語で問え（例：バスの運転手さんはどこを見ているか）
2　選択させる言葉で問え（例：多摩川は誰のものですか）
3　発見させる言葉で問え（例：わかったこと、気づいたこと、思ったこと）

　共通しているのが、これらの発問は拡散することだ。多様な意見がたくさん出
て、おかしいものを聞いていく。最後に２つ残ったものなどで自然と討論になる。
　この中で一番最初に出てくる発問が有田和正氏の次の発問だ。

バスの運転手さんはどこを見ているか

　法則化時代の良い発問例として必ず出てくるのが上記と「車掌さんの笛は誰に
聞かせるのか」である。どちらも有田氏だ。そして前述の「知覚語」である。
　なぜこの発問はいいのか。以前、研究者の片上宗二氏が論じ、それを向山氏が
解説してる文がある。まさに発問とは何か、追試とは何かを表現した論文である。

　＜片上氏の論文＞
　「何を見ていますか」でなく「どこを見ていますか」となっていて、どち
らの発問が良いか、なぜ良いかの説明に立ち往生してしまう。（私の力量不
足を知らせてくれる）ことにもなるのである。

　＜向山氏の論文＞
　片上論文を高く評価するのは次の部分である。
　「何を見ていますか」ではなく「どこを見ていますか」となっていて、ど

ちらの発問の方が良いのか。なぜ良いのか説明に立ち往生してしまう。

　片上氏の言う通り「何を見ていますか」ではなく「どこを見ていますか」である。こちらの方が発問として良い。子供の答えが違ってくる。そこに注目した片上氏はすごい。（中略）片上氏の論文の素晴らしさは「どこを見ていますか」であって「何を見ていますか」ではないということを意識している点である。（中略）私たちにとって、今最も必要なのは「どこを見ていますか」に理屈をつけることではない。私たちに必要なことは「どこを見ていますか」というような発問を発見することである。（中略）バスの運転手さんの発問に対して「電車の車掌さんの仕事」では発問が違ってくる。

「車掌さんが鳴らす笛は、誰に聞かせるのですか」

「バスの運転手さんの仕事」の発問と「電車の車掌さんの仕事」の発問では異なる。授業も違ってくる。「どこを見ていますか」の発問では、次々に答えが出てくる。つまり子供の考えは広がってくる。「誰に聞かせますか」では、意見は真っ二つに分かれる。「お客に聞かせる」と「運転手に聞かせる」である。激しい討論が行われる。

　しかし、どちらも「実際に調べてみよう」という行動にまでかりたてるという点では同じである。子供達は、出かけていって、調べてくるのである。

（向山洋一全集44『向山型社会・研究の方法』明治図書）

重要だと思ったのは最後の部分である。

　しかし、どちらも「実際に調べてみよう」という行動にまでかりたてるという点では同じである。子供達は、出かけていって、調べてくるのである。

　社会科は「調べる」学習である。指導要領解説 社会編に一番たくさん出てくる言葉が「調べる」である。

「どう調べるか意欲をかきたてるか」

　ここに社会科の発問の価値がある。

　となるとバスの運転手さんは「どこ」という場所を問うことによって、子どもたちは運転手さんになって視点を広げる。運転する気分になる。そして視点を次々変える。運賃箱、ドア、乗客などなどとなる。理由もそれぞれに自然についてくる。運賃箱だと「お客さんがちゃんとお金を払っているか」だし、ドアだと「お客さんが安全に乗っているか」であろう。「外」ということもある。その場合だと、信号だったり車だったり、もしくは待っているお客さんだったりする。理由

が広がる。

「何」となると、おそらく視点は狭くなる、もしくは固定化するだろう。「待っている人」「お客」「お金」「信号」などと答えは狭くなるだろう。この場合は、拡散がねらいなので「どこ」がいいのだろう。

車掌さんの場合は「誰」だと、これまた仕事が明確になってくる。「どこを見てるか」だと考えにくい。車掌になりきれないのである。

題材を自分に持ってくる

このことが重要なのかもしれない。以前、向山氏は「雪谷に大雪が降ったらどうなるだろう」と題材を自分の地域に持ってこさせる発想をしている。自分の地域との「比較」。

新指導要領の「社会的な見方・考え方」にもつながる。

新教科書には単元の最後に「自分の地域」について考える部分が数多く出てくる。消防団、地域の安全を守る人などである。新指導要領では「学びに向かう力、人間性等」につながる。

これも社会科の良い発問の条件になるだろう。

その条件で考えると……「事故現場にやってきたのはどの色の服の人が一番早いか」は、普段経験のない「事故現場」という立場に自分を立たせて考えることになる。「事故現場を自分に持ってくる」ことになる。

「漁業関係者はTAC（Total Allowable Catch＝漁獲可能量）に賛成か」も自分に漁師さんを持ってきて考えられる。魚がいなくなると困るという視点と、もっと獲りたいというジレンマがわかって討論になるだろう。

<u>5　番外：長いものは単元作りに向いている</u>

向山氏は社会科教材に「長いもの」がいいと述べている。例えば、水道、川、道路など。以前、4年生で電気（選択で可能）を教材にしたことがある。とても盛り上がった。

なぜ「長いもの」が教材にいいのか。向山氏の論文から探ってみる。

<結論A>
1　身近にある　　2　遠くに伸びているから広がりがある
3　調べる手がかりがある　　4　自分の生活に結びついている

<結論B>
　1　長いものは単元として扱うのに適している　　2　○○の旅とすると、使用頻度が広い　　3　長いものを単元にすると身近で実際調べやすい

　1学期の授業の始まりを何にするか。それは教師の「選択」による。むろん、教科書通りでもいいのだけど、多少、面白く楽しく知的にやりたいのなら自分で選択した方がいい。社会科はそれができる教科である。

　私は、このような時、「川」「道路」「電話」などの「長いもの」を取り上げる。

　6年生の政治単元で「川」を取り上げたことがある。その時の問題を簡単に言うと、次のようであった。

　1　川の水は誰のものか
　2　川の魚は誰のものか
　3　川の土地は誰のものか

　この授業の一部が公開授業になった。大変に面白い問題だった。さて、「水道」も、それと同じように面白い。

　どうして「長いもの」がいいのだろう。「長いもの」は身近にある。「川」でも「道路」でも「電話」でも、自分のすぐ近くにある。そして「長いもの」は、「自分の近くにある」とともに「遠く」まで伸びている。広がりがある。しかも「長いもの」は、自分の生活に結びついている。

　だから、教材としていい面を持っている。

　問題は、その授業の加工法である。誰でもできるようで、誰でもできないのである。例えば、「川の魚は誰のもの？」「川の水は誰のもの」などという小学校社会科の扱いは、私が初めてではないかと思う。
「川」を扱った授業は多くあるだろうが、このような「切り口」は、向山が（たぶん）初めてであったのである。その時の授業は、川にある「看板等の文字」を全て「採取」するところから始まった。このような「調査方法」「○○方法」も、向山が初めてではなかったかと思う。毎日毎日見慣れている川でも、授業に取り上げるのに方法はいくらでもあるわけである。

　このような考えで4年生社会科の最初に「水道」を選択した。これが第一の要素である。

（向山洋一全集 23『京浜社会科サークル授業の原風景』明治図書）

　なぜ「長いもの」は教材としていいのか

1　身近にある
2　遠くに伸びているから広がりがある
3　調べる手がかりがある
4　自分の生活に結びついている
しかし授業としての加工法が大事である。具体的には、発問、調べる手立てである。
となると長いものは何があるだろう。例えば「道」。「旅」に置き換えると頻度が広がる。

以下、学年別に「道」をテーマに発問を考えてみる。

3年
家から学校までの道
学校の前の一本道はどこで最終的に分かれるのか

4年
(サイクル図にもつながる)
ゴミの旅
水の旅
電気の旅
ガスの旅
学校から自分の都道府県モデル旅
消防車の旅
パトカーの旅

5年
農作物(例:米)の旅
工業製品(例:車)の旅
日本の東西南北端っこの旅
情報の旅
木材の旅
沖縄の花の旅
上勝町の葉っぱの旅

6年

過去への旅（タイムマシンに乗って○○時代へ）

外国への旅（○○国に行ってみよう旅行記）

6　時には内容を吟味する発問を

向山型社会5原則……最初は「実証主義」である。社会科授業をするとき、筆者は「教えている内容が本当かどうか」を若い時からかなり意識していた。

昔から社会科、特に歴史が好きだったので、授業で教えてもらったことを調べ直して、こういう説もあるんだなとかなり批判的に授業を聞いていたこともあった。というか、批判的ではあるが、内容自体知ることは面白いので、もともと「事実かどうか」を調べる癖みたいなのはついていたと思う。

「事実かどうか」……はっきりと意識し始めたのは次の2つの実践に出会ってからだ。

1　向山氏「青森のりんご」

　　＜1つの社会事象は1つの自然条件からだけではなく複数の自然・地政・社会的事象から成り立つ＞

2　自由主義史観研究会（後に新しい教科書を創る会になる）の近現代史の事実

2については今は簡単にふれるだけにしておく。筆者自身、世代的に「南京大虐殺」を教わり「従軍慰安婦」を教わり、戦争は日本が悪かった、君が代・日の丸反対の授業を受けてきた記憶がある。若い頃の学校も日の丸論争をしていたので、そのような教えを先輩方から受けていた。それだけに、自由主義史観が出てきた頃はのめり込んだ。合宿にも行った。高橋史朗氏や漫画家の小林よしのり氏と酒を飲んだこともあった。向山氏は「アジってはならない。授業で勝負」と述べる。第1回法則化社会全国大会での講演だった。以来、書籍は読んでいたが自由主義史観の学習会には行かなくなった。

さて、向山氏の「青森のりんご」は衝撃だった。「なぜ日本一になったか」という要因ももちろんだが、それを授業の中で扱ったところに社会科としてすごみを感じた。

向山氏は、次のように書いている。

社会科の授業に対する態度は今も同じである。次の2つである。

A　教えている内容が正しいことであること

　事実を社会科の授業の基本におくべきである。もちろん事実というのは、難物である。顔にできた2、3のニキビを拡大して写真にとれば「この人間はニキビだらけだ」と思われてしまうように「事実」が示す方向が「真実」とは限らない。（注：「　」は筆者）あるいは、歴史的事実をある観点から選択構成したものと言えるから、観点が違えば事実の比重が異なってくる。このように、いろいろな問題はあるが、しかし、事実を基本にすべきである。そう心がけるべきである。そして「事実」を常に批判的に取り上げるのである。

B　教えている内容が正しいかどうかという吟味も授業の中に含まれている。

　教師が「事実」を批判的に検討するだけではなく、それを子供にさせるべきである。
　それこそ、社会科の授業の大切な目標である。「内容のいかがわしさ」は、これがあれば吟味できる。情報を吟味し、選択し、判断できる能力があってこそ、様々な社会的な変動に対応しうるからである。また、このような授業は知性的で面白いのである。
　つまり、社会科の授業で最も大切なのは、このB項なのである。結論より過程が大切なのである。

（向山洋一全集44『向山型社会・研究の方法』明治図書）

　Bがまさに、青森のりんごであり、立ち会い授業で向山氏がした「江戸時代の人口」である。授業の中で「事実の吟味」があると面白いし、知的だし、これこそ社会科のねらいである。

7　学年別　討論になる発問集

＜3年＞
1　わたしたちの市（高い所からの一望と見学）
　　(1) あの看板の下には何があるかな
　　(2) あの道とこの道とではどっちが高いかな

(3) ぐるっと見渡して、わかったこと、気づいたこと、思ったことをできる
　　だけたくさん箇条書きにしなさい（それぞれの方角の特徴は何？）
(4) 50 m、100 m と離れると太陽はどれくらいの大きさに見えますか
(5) 市章（市のマーク）の意味は何？

2　校区探検→校区地図作成（地図記号含む）
(1)（学校から道一本だけをあらかじめ書いてそこを探検）周りに見えるもの
　　を書きなさい
(2) 家の周り→家から学校→地区の地図を合体→校区地図を完成させよう
　　（自然に討論に）
(3) 学校の地図記号は何学校？→高校は？→大学は？（◎、（大）などがつく）
(4) 消防の地図記号の「さすまた」どうやって火を消していたの？

3　生産と販売（農工業、スーパーマーケット）
(1) イラスト→季節は？　時間は？　この店（工場）はもうかっているか？
　　さぼっているのは誰？　見学に行って目についたもの（一番すごい工夫）
(2) 未来の○○を絵と文で表そう。CM 作り、新製品作り、ポスター作り

4　火災と事故（警察署と消防署）1 枚の写真から
(1) 白、青、オレンジ。どの色の服の人が一番先に来た？
(2) ここに見えていない人は誰？
(3) ここで邪魔な人は誰？
(4) 不注意な人が多いから火事（事故）が多いんですね（人の不注意もあり得る）

＜4 年＞
1　わたしたちの都道府県
(1) 都道府県パンフレットを作ろう
(2) 観光動画・観光チャレランを作ろう
(3) 外国人に引っ越しを薦めるなら県のどの地方？
(4) 引っ越すならどの地方？
(5) 一番得な地方はどの地方（一番損は？）

2　安全と衛生（水やゴミ単元）
(1) ○○の旅→ゴミ箱の次は？　その次は？（見学へ）
　　「例：水＝水道の 1 m 先は何があるの？　その 1 m 先は？　元をたどっていく

と一番の源はどこに行きつくの?」（地図帳で見せて行きつく川を決めていく）

(2) 1日にどれくらい水を使いますか？（ペットボトル）

(3) 1カ月ならお金にするとどれくらい？

(4) 学校ではどれくらいの水を使うだろう（量・値段）

(5) 土地が増えるからゴミを沢山出すのはいいことか

(6) このゴミを宇宙まで持って行くとゴミ問題は解決するでしょうか

(7) プラスチックゴミを捨て続けるとどうなるの？
　　→どうやったらプラスチックゴミは減りますか

3　災害から人々を守る

(1) 写真を示して、災害前はどうか→これからどうなるか→問題は何か→どうしたらいいか（役場・自衛隊）

(2) 地域であった一番大きな災害は何か→被害を少なくするにはどうしたらいいか

(3) 家にいたときに災害が起こったらどこを通ってどこに避難するのが一番安全ですか

4　先人の働き

(1) インタビュー聞き取り→見開き2ページにまとめる

(2) あなたの地域の祭りはずっとこのまま続くと思いますか。なくなってしまうでしょうか

＜5年＞

1　日本の国土と領土（領土編）

(1) 領土問題になっている島の名前を4つ言いなさい

(2) それぞれ4つの島は、どこと問題になっているのですか
　　（北方領土：対ロシア、尖閣諸島：対中国、竹島：対韓国）

(3) 沖ノ鳥島は「対何」なのですか（水没）

(4) ＜日本地図を反対にして＞　①どの国が何に困りますか　②困らないようにするにはどうしたらいいですか　③他に方法はないのですか

(5) 択捉島とウルップ島の間をロシアはある乗り物を通したい。その乗り物は何で、理由は何か（潜水艦。深い海溝がある。核戦争に対応する）

(6) 日本の範囲を囲みなさい（排他的経済水域）

2　特色ある自然条件地域（寒い、暑い等）
　　(1) ○○（雪国）の人は損ではないか
　　(2) ○○と○○、どちらに住みたいか
　　(3) ○○と○○、引っ越すならどっちか
　　(4) 消雪パイプから出るのは水かお湯か
　　(5) パイナップルのなり方を絵にしなさい

3　我が国の食糧生産
　　(1) ○○はなぜ日本一になったか（自然条件のみでない）→（例：青森のリン
　　　　ゴ、高知の二期作）
　　(2) 教室の工業製品「工業製品でないものは何か」
　　(3) ○○なら工業地域だ、工業地域なら○○だ

4　森林・公害防止
　　(1) 公害問題と環境問題の違いは何か
　　(2) サイクル図「プッツンしているのはどこ」

5　水産業「日本はTACに参加すべきかどうか」
6　情報「AI先生に賛成か反対か」

＜6年＞
1　日本国憲法
　　(1) 学級憲法作り
　　(2) 日本と外国の憲法改正回数比較　①世界中で明文化された憲法を持ってい
　　　　るのは何カ国くらい？（80カ国くらい）②憲法の中に平和条項を持ってる
　　　　国は何カ国くらい？（124カ国：西修）③世界の国々で今まで憲法改正し
　　　　た数は何国くらい？（アメリカ18、フランス16、イタリア14、ドイツ51、
　　　　スイス132、日本0）④日本国憲法は、憲法の中でできた年が何番目に古い
　　　　か（15番目）⑤日本より古い憲法を持つ国のうち、憲法改正を一度もして
　　　　いない国は何カ国？（0）⑥日本は、平和憲法を持っていたから戦争を70
　　　　年間したことがなかったという意見に賛成ですか反対ですか（70年間戦
　　　　争をしたことがない国は日本も入れて8カ国。平和条項を持つ百数十カ国
　　　　は戦争）

2 日本の政治
(1) 多摩川は誰のものか（地方公共団体と国の管轄）①水は誰のものか ②魚
は誰のものか ③遊び場は誰のものか
(2) 選挙権18歳からにあなたは賛成か反対か
(3) インターネット投票に賛成か反対か

3 日本の歴史
(1) 地球の歴史「初めて上陸したのは植物か動物か」
(2) 狩→牧畜、採集→農耕で生活はどう変わったか
(3) タイムマシンで行くなら縄文・弥生どちら？
(4) 邪馬台国を探そう
(5) 奈良の大仏「どれくらいの人が銅を出したか」
(6) 平安・鎌倉「土地を開墾するにはごほうびか、無理矢理か」
(7) 戦国時代「一言で言ってどんな時代か」
(8) 徳川の世を続かせるためにとった策は（重要なものを選ぶ）
(9) 初めて黒船を見た日本人はどう思ったか
(10) 本当に四民平等になったか
(11) 15年戦争の事件→止められるならどこか？

付章
プロを目指す社会科教師へ―水先案内ページ

1
新提案：雪小モデル
2枚の写真の読み取り表＆読み取り能力育成の授業

2
QRコードで早わかり！
一目でわかる！社会科各項目の全体構造図集

1 新提案：雪小モデル
2枚の写真の読み取り表＆読み取り能力育成の授業

新提案：雪小モデル「2枚の写真読み取り」を以下の3項目から構成する。

A　2枚の写真の種類

B　2枚の写真読み取り表

C　読み取り能力育成→目標達成の授業

A　2枚の写真の種類

1　同じ場所
(1) 方角が違う　①東西南北　②鳥瞰図　③地下図
(2) 時間が違う　①時代　②季節　③時間

2　違う場所
(1) 時代による変化　　（例）縄文から弥生　被災地
(2) 対比できる（文化）（例）金閣寺と銀閣寺
　　　　　　　　　　　　　　都会と田舎　外国と日本
(3) 共通性　①森林や川、山（自然）　②建物、人など（文化、遺産など）

縄文時代　　　　弥生時代

B　2枚の写真読み取り表

子どもの意見分類表（写真の種類：（例）同じ場所　季節が違う）

一人　最低（　　）：最高（　　）：総数（　　　）

	2枚の写真から目に付いたこと	写真外や体験と比べたこと
写真1枚ごと 　それぞれの読み取り 　　①もの・形　②分布 　　③空間　④時間 　　⑤その他	A	E
差異点（ちがい） 　Aは〜だが、Bは〜だ 　①もの・形　②分布　③空間 　④時間　⑤その他	B	F
共通点（同じもの） 　AもBも〜がある、〜だ	C	G
一般法則（特徴） 　AもBも〜の特徴がある	D	H
その他		I

（注）

①子どもの意見は、はじめAに集中します。力がつくに従い、B、C、Dと伸び、
　2枚の写真にプラスし、写真外や体験から意見を書くE、F、G、Hへと発展
　していきます。

②A以外の見方は、機会ある毎に育てることが必要です。

③Iは、授業ではしばしばメインになる意見です。

C　読み取り能力育成→目標達成の授業

＜読み取り能力育成の授業＞ ※まず全体を問い、経験の層を厚くする。

①2枚の写真を比べて、わかったこと、気付いたこと、思ったことを、ノートに
　できるだけたくさん箇条書きにしなさい。（5分）

②まずAに集中されると思われますが、他の見方も系統的に育てます。

（発問例）　B　違う所はどこですか。C　同じ所はどこですか。

　　　　　　D　特徴をそれぞれ3つあげて比べてごらんなさい。

　　　　　　E〜I　写真以外に知っている事と比べてごらんなさい。

＜目標達成の授業＞ 調査→分類→討論　※ねらい（観点）を示した発問をする。

（発問例）①どちら〜と問う（例：住みたいですか。行きたいですか）（都会と田
　　　　　　舎）対比。

　　　　　　③変化を問う（例：江戸から明治になって変わった物を見つけなさい）。

＜写真読み取り授業の歴史的経緯＞

1　岩手県仁王小学校研究報告書　　2　東京都研究グループ

方法 / 対象	特徴をみる	比較してみる		関係的にみる	
		目の前におかれたものを比べる	経験と比べる	部分と部分の関係をみる	全体と部分の関係をみる
事物・事象の形状・色・動きなど	A				
分布の様子や相対的位置関係など					
全体的傾向（地域性・時代相など）					
時間的・地域的変化など					

上記が写真読み取り授業の研究の原点。
仁王小は①人物に偏りすぎ②発展が見えない
　都研究グループは複雑　という欠点。

＜C　現在の雪小モデル　1992年社会科教育92年5月）＞

ｐ8 私の授業の基本パターン　　「最後は討論の授業に」向山洋一論文

A　子どもの意見分類表　　一人　最低（　）：最高（　）総数（　）

		目についたこと	くらべたこと
もの・形 〜がある 〜が大きい 白い	①人②建物③のりもの④山川自然⑤道具機械⑥かんばん⑦その他	A	E
分布 　〜が多い、少ない、いっぱい		B	F
地域的、空間的なこと 　　　　どこ、どちら向き		C	G
時代的、時間的なこと 　　　　いつ、何時		D	H
その他			I

B　読み取り能力育成の授業
　写真を使った授業ではまず次のように問います。
　①発問例　写真を見て分かったこと、思ったことをノートに書きなさい
　　（5分）→（現在では「わかったこと、気付いたこと、思ったこと」）
　※まず全体を問うわけですが、「本時のねらい」をすぐ問うより、この方が「経験の層」を厚くします。また「読み取り能力」も育てられます。
　②発表させ、まとめる。
　③Aに集中されると思いますが、他の見方も系統的に育てます。
　発問例　B 何が多いですか　C どこのことですか、どちら向きですか　D 何月頃ですか。何時頃ですか。ＥＦＧＨ自分の知っていることとくらべてごらんなさい。

C　本時目標達成の授業
　①本時のねらい（観点）を示した発問をする。
　発問例　ア商店街の工夫について発表しなさい（ノートに書きなさい）
　　　　　イ武士の日常生活について発表しなさい。
　②調査活動をする　→　③子どもの発表を分類しまとめる　→　④討論をする

2 QRコードで早わかり！
一目でわかる！社会科各項目の全体構造図集

　これまで様々なセミナーや研修会で「全体構造図」というものを提案してきた。

　1枚であるテーマ（例えば「新指導要領　社会科の変更点」）を全て網羅できる資料だ。

　その資料を見れば、とりあえずそのテーマが全てわかるよう作ってきた。

　次ページよりその実物資料を掲載する。

　なお、ページの関係で半分に切れ、見づらい資料については、以下のQRコートから以下①〜⑩の資料をダウンロードいただきたい。

①向山型社会の全体像

②「社会科民間教育団体と向山洋一氏歴史実践の比較　事実で教育を語ること」

③「向山型社会アクティブ・ラーニングSTEP7」〜向山洋一氏の討論は常識からの脱却を図り新しい考えを創造する〜

④2020実施 新指導要領解説 社会科編より主な変更点「グローバル化/防災/海洋国家と領土/多角的な見方」

⑤新指導要領社会科キーワード10とTOSS向山型社会4つの原則と1つの方法・授業との関連

⑥TOSS向山型社会の全体像「4つの原理と1つの方針」

⑦新指導要領「各学年の社会科指導のポイント」変更点＆社会的見方・考え方＆調べる技能

⑧新指導要領社会科「各学年で使えるTOSS向山型社会：授業の型や発問」

⑨TOSS向山型社会　調べ学習の基本的な流れVer.3「調べ学習から討論（表現）への道筋」

⑩全体構造図で捉える！各学年・各単元の【話し合い・討論になる発問】集（向山型社会編）

<本日は向山型社会4原則の中から**実証主義のみ**に焦点をあて、授業システムを含む全体像を

向山型社会の全体像① 日本主義

A 資料の読み取り 情報の取出・解釈、技能習得

<雪小モデル 写真読み取り>

交通事故写真の実践（98年1月号教室ツーウェイ）
1　わかったこと、気がついたこと、思ったことをノートに箇条書きにしなさい。（指示の言葉）
2　いくつ書けましたか。○つなら・・、日本一は400（確認）
3　読み取り表、読み取り発問、中心発問へ

<グラフの読み取り>
1　タイトル、出典、年度の確認。
2　縦軸横軸の確認（単位、表しているもの）
3　5つのスタイル（上昇、下降、プラトー、急激な上下）
4　急激な変化の原因の予想・調べ
5　変化の確定

<2枚の資料の比較> （雪国のくらし、江戸時代の人口）

2枚の資料を比べて、おかしいな、へんだなと思ったことはありませんか
（PISA型。情報の吟味）

B 常識への疑い、C 社会的事象への複合原因

情報の吟味、活用型授業、熟考・評価

1　内容へのいかがわしさ
2　一つの社会的事象は、複数の原因の複合により生じる。

<青森のりんご>
青森でりんごがたくさんとれる理由は、気候が合っているからだけではない。「農地転換」「大地主」（果物は年数がかかる）、港の近さ（日清・日露戦争）

<高知の二期作>
高知で二期作が始まったのは、気候が合っていたからだけではない。（土讃線の開通。）気候だけでなく人的要因もある。

<左の交通事故の授業>
交通事故が起こるのは、人の不注意だけでなく、施設の不備によるものもある。

他、工業地帯の分布の授業、江戸幕府の政策、戦国時代の仮説など

実証主義の原点　1968

3年「安全なく
視聴覚教育研

「統計図表
話し合い

I　主題設定の理由

1　社会科学習にお様式は討議（話考える。

2　討議の状態が成したと考えて良

3　あらゆる学習はがれる。

<授業の流

A　資料の提示
「交通事故のことに

B　子どもの意見の分類
1　交通事故のグラ
「調べたことを発表し
「質問はありますか」
1　昭和41年より4
2　何年に調べた
3　年度別って何

C　課題及び原因の確定
1　なぜ交通事故が
2　運転する人と歩

D　反対の資料の提示
1　地図に事故が起き
2　○○地区は不注意

D　他の原因の予想・検
E　次への課題・調べへ

実証主義　　　　　**人間主義**　　　**未来主義**

※北方領土（日本主義）、学級憲法（ユーモア）等は別途整理の必要有。

年11月11日　　大森第四小学校

らし」交通事故の授業

究協議会への中間報告書

と写真スライドが
活動に与える影響」

いて、認識の転換をもたらす教授
し合い）の状態が最も望ましいと

生まれた場合は、目標の半分を達
い。

常に討議の状態になろうとあこ

向山洋一氏 新卒1年目の研究授業

れ＞　社会科教育85年12月号と類似している

ついて勉強します」

フ　　2道路別交通事故　　3比較表
なさい。

2年が多いのはなぜ？
ものですか
ですか。　　　　　　　（以下略　10まで）

おきると思いますか。
いている人の不注意が原因なのですね。

た場所を書き込みなさい。
の人が多いのですね。

証　（写真、グラフなどの資料提示）
1

D　授業全体の流れ・システム

PISA型全体の授業、活用型・探究型

＜討論の授業＞
（1）雪国のくらし（1990年　写真から討論へ）
　①子どもの意見から討論へ「損か損でないか」

　②2枚の資料の矛盾から討論へ

　③指名無し討論の様々な技能「高段の技」
（2）多摩川は誰のもの「切実な問題」
（3）口分田・元が攻めてきた時期は？

＜再現する学習＞
（1）工業地帯での仮説化（KJ法）
（2）戦国時代の実践（KJ法）
（3）江戸時代最も重要な政策は？

＜見学からの授業化＞
（1）目についたものを箇条書きしなさい。
（2）バスの中でのクイズ

＜教え落とす学習＞　邪馬台国、明治と戦国の比較

E　課題追求のための様々な技能

習得型の授業

1　見開きノートまとめ
　（1）合格不合格のみ告げる。書き直させる。段階

2　見学の際、目についたものを書かせる。
3　百科事典の使い方（福沢諭吉と人間のめざめ）
4　シンプルな図（日本地図、サイクル図）の使用
5　キーワードの取り出し
6　地図帳での地名探し、地名あてクイズ

F　調べ学習全体像

1　水の学習
　（1）ノートの記入法
　（2）家での調べ方
　（3）調べる方法を考える

2　インターネット調べ学習
3　パンフレットなどの作品

※68年の冊子には「国立教育研究所紀要」の「2つのグラフの比較」「グラフの関係把握」「地図、年表の読み取り能力の不足」「2つの異なる資料の関係付け」などが載っている。資料読み取りの出発点。

②「社会科民間教育団体と向山洋一氏歴史実践の比較　事実で教育を語ること

2014夏　TOSS向山型社会セミナー　一単元の組立の歴史を全体構造図で示す　「社会科民間教育団体と向山洋一氏

歴史を学ぶ意味	①社会的な認識を育てること→日本のこれまでの移り変わりを正しく捉え、現在の様相を理解し、よりよいた。③事実認識をきちんと育てること④前向き建設的にとらえていくこと⑤レッテルでものごとを判断しな

①今昔の相違がわかること②変遷がわかること③歴史的因果関係が捉えられること④時代構造がわかること

①自分が住んでいる国についての理解を深めるということが、この国に生まれ育っているということの自覚を子どもに育てることにつながる（北俊夫 19　その法則性を意識的に捉えること（板倉聖宣 1999 仮説社）①日本歴史は国の大要を知らしめ、兼ねて国民たるの志操を養うを以って要旨とす。（大正期　リカ人の過去を誇りに思う気持ちを育てること（1981シカゴ州社会科教科書）①我が国と郷土の現状と歴史について正しい理解に導き、伝統文化を尊重　発展に貢献した先人によってつくりだされた歴史や伝統の上に成り立っているものであり、このような歴史や伝統を大切にし、国を愛する心情や、将来に

＜大前提＞　小学校学校の歴史学習は、人物の働きや代表的な文化遺産を中心として学習することとしている。（略 川原）児童の興味きごとや年号などを覚えさせることより、まず我が国の歴史に対する興味・関心を持たせ、歴史を学ぶ楽しさを味わわせ、その大切さに

A　歴史教育者協議会（歴教協1949年発足）における歴史教育

1　歴史教育の目標(1976 本多公栄（こうえい）「近現代史をどう教えるか」)
　（1）わたしたちはどこからきたのか→歴史知識
　（2）わたしたちはどこにいるのか→歴史法則
　（3）わたしたちはどこへいくのか→主体形成

　認識→法則→形成

　歴史教育は、単に過去を学ぶだけでなく未来を引き出す、それも学習者が生活の現実から未来を主体的に引き出す教科なのである。だから、歴史学習を途中で終えるわけにいかず現代まできちんと学習しなければならない。

2　有名な実践や歴史授業の実際
　（1）ナウマン象は泳ぐとも（1987　生徒に歴史認識の自由と創造力を）
　（2）貝塚のイヌはなぜ埋葬されたのか（加曽利の犬と印旛の像）
　（3）聖徳太子と大化の改新の真実を探る（お札の顔は本物か）
　（4）班田収受の法はトラさんの生活を保障したか（税は3％？）
　（5）将門はなぜ破れたか　将門のあっけない敗北　敗因6つの説
　（6）東アジアの赤い米　大唐米と日本中世の農業発展　1990年
　（7）ぼくらの太平洋戦争　・・・以上　本多公栄実践
　（8）奈良時代の大仏（山下国幸　・・・向山氏による追試）
　（9）歴史教育の資料と扱い方、歴史教育のカギ（1965　地歴社）
　（10）15年戦争への道　自ら考える日本近代史（安井俊夫）

　（例）①中国との戦争→日本軍は、上海、南京を占領し、南京では30万人といわれる一般市民も虐殺した。（1993 年社会科 6 年の授業）②朝鮮戦争は南から攻め込んだ③北朝鮮は地上の楽園（上記(9)）④文化大革命の成果⑤東ドイツへの礼賛（社会主義的な記述等）

B　教育科学研究会（1963　教科研）→人間の歴史の授業を創る会

＜白井春男、久津見宣子を中心とした　ものづくりやテキストによる歴史学習＞
1　地球の誕生　みんなみんな四十五億年の中　地球誕生から
2　狩りと採集の時代　人類の祖先　沼地の落とし穴　狩りと言葉
3　農業と牧畜の時代　農業のはじまり　野生から栽培へ
4　国家の誕生　すべてを働かせてとりあげる　国家ってなんだ？
5　古代国家の発輝　働いても逃げられない　農民に課せられた税
6　中世封建社会　土地でつくって土地にしばられる　領主と農奴
7　近代社会　という鉄　高炉の威力　大量生産が始まった　資本蓄積
8　植民地　連れ去られた人々　冒険商人の貿易　おどして奪う
9　現代社会　恐慌　いっぱいできてなぜ貧乏になる？　経済危機
10　ファシズム　その計画　戦争と関係あるんだ？
11　南京虐殺　人間じゃない　陳さんの体験　ちょうちん行列
12　東京大空襲　お年寄りにこわい思いをしたんだなあ
13　戦後の世界と私たち　繁栄と基地の日本　沖縄の現実
14　ベトナム戦争　独立のための戦争って大変だった　民族独立
　（以上　久津見宣子「人間ってすごいね」白井春男発行　授業を創る社　1989）

C　向山洋一氏　歴史学習

事実主義　➡　人間主

C-1　民間教育団体への向山氏の反論

1　歴教協　山下国幸氏　奈良の大仏

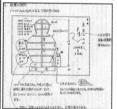

私が、向山学級でかなりのスピードで授業をして2時間かかっている。このはんはかなり売れた本だ。しかし2時間の授業内容を1時間で書いてあるという批判はされなかったらしい。授業の流れもバラバラ（1987 社会科教育）

2　歴教協　歴史教育の資料と扱い方

ここに歴史教育協議会のバイブルといわれる本がある。歴史教育の資料と扱い方。地歴社。著者は歴教協の常任委員の3氏である。北朝鮮を地上の楽園の如く描いている。金正成の言葉を引用しており、当然だ。ビルや文化住宅が次々建設されているのだという。（略）全て真っ赤な嘘じゃ無いか（1997　年 8 月号・1999 年 2 月号　社会科教育　向山洋一論文）

3　教科研などの南京大虐殺授業への反論

日本刀で百人斬りをすることが可能だと思う人はどれくらいいるだろうか。少なくとも子どもに教えるならば、それは不可能だと教えるだろう。向山少尉は後方で手当を受けており、隊復帰は12月 15 日。南京城進入は 12 月 13 日。（社会科教育論文）※他にも、文化大革命、東ドイツへの日本標準への言及

事実にこだわるTOSS向山型歴史授業単元作り提案→①1分間フラッシュカード②人物調べ（①②は毎時間計10分）③資料から意見をたくさん出させる（

歴史実践の比較 事実で教育を語ること」 TOSS社会 川原雅樹 CZH14444@nifty.ne.jp

未来を作っていくため。②理論で教育を語るな、事実で教育を語れという思想を貫いてきい。きめつけない（向山洋一氏　向山洋一全集７知的追究向山型社会（元出典：社会科教育（明治図書）より）

⑤歴史の発展がわかること（斎藤博　信濃教育会研究紀要　1986年　社会科教育指導用語辞典より）

99 社会科教育明治図書）①社会的な法則性によって必然的につき動かされて歴史が展開していくことを明確に捉え、
代小学校令施行規則第5条）①生徒に合衆国史を一通り学ばせ、それを更に学習したいという動機付けを与え、アメし、それらを育んできた我が国と郷土を愛する態度を養う（学校教育法第21条三）①今日の国民生活は国家・社会の向けて平和で民主的な国家・社会の進展に一層努力していこうとする態度を育てる（学習指導要領　社会科解説編）

・・関心を重視し、取り上げる人物や文化遺産を精選する必要がある。このことは、歴史上の細かなで気付くようにすることを重視しているものである。（平成20年学習指導要領解説　社会科編より）

の考え方　民間教育団体への反論　歴史授業の経緯

義 ⇨ 日本主義 ⇨ 未来主義 ⇦ 授業で語る

C－2　歴史を理解させるとは何か

歴史教育において「社会的な認識を育てる」とは何か。次のようなことを理解させることではないか。

1　社会は変化してきた
2　ある時代に変化したことは次の時代に存続した
3　変化には原因があった
4　変化には初めがあった
5　変化には順番があった
6　変化には方向があった
7　変化がゆきわたるのには時間がかかった

変化→①原因②初め③順番→今まで一番扱われたのは原因。北俊夫氏→なぜ→どのように

そのためには時代を細かく授業するより、大づかみに粗く授業をした方がよい。社会の変化を理解させる授業では次の配慮が必要になる。

1　時代の変化を大きくつかむ
2　人物を通して時代の変化を理解する
3　理解する為には資料（原典に近い物）が必要である

C－3　社会科における基本的な流れ

1　まずはじめに、ある限定された場面の　写真、表、絵、実物などを示し、できる　限り多くの考え方を発表させる。
2　出された子供の意見を分類する。
3　分類したいくつかの課題に対して、それを確かめる授業をする。
4　それ意外の課題を子どもに調査させる。
5　調べたことを発表させ、討論させる。
6　わかったこと、わからなかったことを　確認する。

C－4　小山台高校での原典（安和子）

（北朝鮮帰国事業での高校の知り合い、アンファンジュ（安和子）の件で）**「理論」で現実を「解釈」する愚かさを告発し、「事実」で現実を「見通す」大切さを教えてくれた**一書である。（どん底の共和国の書評にて）
正しい事実認識を育てること（97年６月号社会科教育）

C－5　向山学級　歴史授業の経過８１年

1　地球の歴史（白井春男実践を修正）
(1)初めて上陸した生物は動物か植物か(2)両生類よりは虫類が高級なのはなぜか(3)は虫類よりほ乳類が高級なのはなぜか(4)コケ類→シダ類→裸子植物→被子植物の変化(5)恐竜はなぜ滅んだか

2　人間の歴史（黒板で長さを表現）
(1)地球の歴史と人間の歴史を長さに例えて比べよう(2)あなたの先祖は何人いるか(3)人間は他の動物とどこが違うのか(4)「狩り→牧畜」「採集→農耕」この変化に　よって生活はどう変わったか。(5)農耕を支える文化（縄文から弥生へ）

3　卑弥呼はどこにいたか　幻の邪馬台国
(1)倭人伝を読もう(2)邪馬台国論争の中ではどう言われているか(3)邪馬台国を探そう(4)邪馬台国へのルポタージュ

4　貴族から武士へ（口分田と年表作り）
(1)学校の近くの古墳(2)一族の連合（天皇邪馬台→天皇藤原連合→天皇平連合）(3)大きな国家の条件（大化の改新、大仏建立）(4)口分田は何をもたらしたか(5)人々の生活「貧窮問答歌」(6)人々の生活「百人一首」(7)武士の起こり(8)作業「年表作り」義経はジンギスカンだったのか

3　戦国時代（資料作りとＫＪ法）
(1)武家社会のしくみ（ご恩と奉公）(2)元がせめてきたのはいつか(3)鎌倉・室町、戦国時代は一言で言ってどんな時代か(4)時代を代表する人物を一人選びなさい(5)この人はどのように生きようとしましたか(6)証拠となるエピソードを５つ選びなさい

6　江戸時代（列挙→選択→時代の特徴）
(1)徳川の世を長続きさせるために何をしましたか(2)最も大切な策は何でしたか(3)江戸時代はどんな時代だといえますか(4)江戸時代の不満はどうたまっていきましたか

7　明治時代（百科事典）
(1)明治になって何が変わりましたか(2)明治になって新しく入ってきた物を調べなさい(3)学問の仕組みはどう変わりましたか(4)本当に四民平等の世界になりましたか

（その他）原爆の授業「原爆投下は必要だったのか」Bレノイルズ婦人の言葉「イデオロギーで無く事実」１５年戦争「15年ごとに事件をあげていきなさい」ロンドン軍縮会議。北方領土「何％日本の物か」等

討論）④疑問点を出させる⑤課題の設定⑥調べ学習⑦討論⑧結論⑨正進資料集作業（前のページ＋作業長）⑩テスト

③ 「向山型社会アクティブ・ラーニングSTEP７」～向山洋一氏の討論は常識から

2016/07/29　TOSS向山型社会セミナー in 東京　**「向山型社会アクティブ・ラーニングSTEP７」～向山**

A　アクティブ・ラーニング　定義と変遷　（①アメリカの大学改革　②文部科学省の定	
1　アメリカの大学改革（1991年）	① Active learning engages students in two aspects – doing things and thinking about the things they are doing る物事を行わせ、行っている物事について考えさせること。② anything that involves students in doing thing 考と行為といった、それぞれの**活動のなかで学生を巻き込んでいるすべて**③アクティブラーニングは、**読解**
2－①文科省 2012年用語集	教員による一方向的な講義形式の教育とは異なり、学修者の**能動的な学修**への参加を取り入れた教授・学習法の総称。学習、問題解決学習、体験学習、調査学習等が含まれるが、教室内での**グループ・ディスカッション、ディベート、グループ・ワ**
2－②文科省（上記同年同文書）	グループ・ディスカッション、ディベート、グループ・ワーク等による課題解決型の能動的学修
3　アクティブラーニングの方法（Wikipedia in English）大阪大学HPより	① class discussion（討論）② think-pair-share（学びを１組またはそれ以上で共記）⑤ collaborative learning group（３～６人程度のグループ）⑥ student debate
4　社会的背景（2014文科省）	① GDP低下→新しい教育の必要性　② OECDの PISA 型学力2000年　③ 2011年入学
5　討論　学習へのエビデンス波多野誼余夫　稲垣佳世子「知力と学力」（岩波新書　1984）	アメリカのミネソタ大学で協同学習の意義を研究しているジョンソンたちは、どうであったか。単元の内容の理解のテストの結果では、論争群は明らかに論争群は最も成績がすぐれていた。学習への意欲の高まりでも著しいものがあ
6　問題解決学習との違い2015	日本の伝統的な「練り上げ授業」というのも、まず（アクティブラーニングと）呼ば
B　上記キーワード及び意味	①討論　②少人数　③レポート　④巻き込み　⑤読解　⑥主体的＝自分の

C　TOSS向山型社会版【定義】　①アクティブ・ラーニングは討論の授業である（2015静岡学会　向山洋一氏）②主体的＝自分で判断、

D　過去、提案したアクティブ・ラーニングの方法	E　提案　向山型社会アクティブ・ラーニングSTEP７

D（左）欄

アクティブ・ラーニングの実践手法

①課題を見つける
②課題を追究する
③討論する
④異なる意見を認める
⑤まとめる

E-1　社会資料授業の基本的な流れ（85年12月）

① 内部情報の蓄積（資料提示→多様な意見→コード提供）
② 課題の発見（分類→おかしいものはどれ？討論→課題）
③ 課題の追究（TOSS型調べ学習＝教科書・事典・ICT）
④ 討論（指名無し→自由な雰囲気→異なる意見を認める）
⑤ まとめ（意見文・レポート・地図、年表・パンフレット・動画等）

①向山洋一氏 2015年 5つの型」を方法に変換
②1985年社会科授業の基本的な流れをシンプル

向山型社会アクティブラーニング　5つの基本型と2つの型

＜青森のリンゴ型＞
①説得や原因の確認（教科書記述等）
②反対の資料提示
③課題の発見
④予想・討論・意見
⑤まとめる（他の原因の提示）

①内部情報の蓄積
ア　資料提示
イ　多様な意見
ウ　コードを与える（発問・指示）
②課題の発見
③課題の追究（調べる方法）
④討論・異なる意見
⑤まとめる

＜複合型＞（明治時代）（水道）

E（右）欄

☆**向山型社会アクティブ・ラーニングの新定義（案）**

①資料読み取りによって生まれた
②思考のずれ（課題）を
③討論し
④調べることにより
⑤新しい考え方を創造すること

※左向山氏の社会科授業の流れと５つの型より

☆**向山型社会アクティブ・ラーニングＳＴＥＰ７**

①資料の読み取り（多様な意見を出させる）
②思考のずれ（おかしいこと、雪小モデルの発問）
③課題の発見（上記で問題になったこと）
④予想・討論（異なる意見を認める）
⑤調べ学習（調べ方→調べる）
⑥結論とまとめ（調べ学習ノート、見開き2p）
⑦創造題材の設定（レポート、新しい方法・考え方）

☆**向山型社会アクティブ・ラーニング発問一覧**

①資料読取＝写真（資料）を見て、わかったこと、気づいたこと、思ったことをノートにできるだけたくさん箇条書きにしなさい。（多様な意見を出させる）
②思考のずれ＝①おかしいことは何ですか？雪小モデルからの発問（例、方角、季節、比較）
③みんなで（あなたが）考えたい問題は何ですか。
④討論＝～は損ではないか、～は誰のものか、～に賛成か反対か、～と～、どっちに行きたい。
⑤調べ学習＝どうやって調べたらいいか思いつくだけ書きなさい。実際に調べられそうな方法はどれですか。
⑥結論・まとめ＝調べ学習に対する結論、ノート見開き 2P
⑦創造題材＝絵はがき（ポスター）を書きなさい。
A　向山実践は討論自体が新しい考え（常識からの脱却）を創造する
B　社会授業の創造とは「常識からの脱却」を考えてもよい

102

の脱却を図り新しい考えを創造する〜

洋一氏の討論は常識からの脱却を図り新しい考えを創造する〜 TOSS社会　川原雅樹

義の変遷 ③方法　④社会的背景　⑤討論と学習形態・・・問題解決学習と討論　）

(Active Learning: Creating Excitement in the Classroom（Bonwell & Eison, 1991）アクティブ・ラーニングとは、学生にあ
s and thinking about the things they are doing（同上）アクティブ・ラーニングとは学生たちが行っている何かに関する思
・作文・討論・問題解決などの高次思考課題を行う学習である。(チャールズ・ボンウェル、ジム・エイソン)

学修者が能動的に学修することによって、認知的、倫理的、社会的能力、教養、知識、経験を含めた汎用的な能力の育成を図る。発見
ーク等も有効なアクティブ・ラーニングの方法である。(「新たな未来を築くための大学教育の質的転換に向けて」答申2012年8月28日中教審)

2−③文科省2014年〜現在　課題の発見・解決に向けた主体的・協働的な学び（2014年11月20日中教審）

有)③ learnig cell（学習主体を個人でなく2人ないしそれ以上）④ short written exercise（短いレポートの筆
:（ディベート）⑦ reaction to a video（ビデオ視聴後の感想発表）⑧ class game（学習ゲーム）

者の新しい仕事65%（デビットソン）④2030年47%の仕事機械化（オズボーン）⑤2030年週15時間程度の勤労

　小学6年生の社会の授業の中で、試験的にこの論争を用い、学習者に及ぼす効果を検討している。結果は
救遠究群や個人学習群に比べてすぐれていた。しかも4週間後に行われた再テストでもその効果が持続し、
更にもっとこれについて学習したいという学習継続の動機付けも明らかに高かった。

ないと思って良いだろう。東京大学　市川伸一「教職研修2015年11月号　なぜ、いま「アクティブ・ラーニング」なのか)

意思・判断に基づいて行動するさま ⑦協働的=同じ目的のために対等の立場で協力して働くこと ⑧創造

協同的=対等→ディベート・教え合いはアクティブラーニングではない③向山氏の討論は常識から脱却し新しい考えを創造する(2016川原雅樹)

F	向山洋一実践による主な討論テーマと創造する題材		
NO	学年	討論テーマ(主発問や資料)	創造する活動・まとめ・新概念
①	3年	○○地区の交通事故が多いのは不注意の人が多いからですか	渋滞の写真の読み取り
②	3年	大きな商店街にない工夫を見つける(師尾実践への助言)	小さな商店街の可能性
③	3年	50m100m離れると太陽はどれくらいの大きさに見えますか	空間認識の意図的な学習法
④	4年	雪国の人は損ではないか(雪国では学校に行けないのでないか)	先生は車で行ったか
⑤	4年	水道の水は元をたどっていくとどこから来ていますか。	調べたいこと・調べる方法
⑥	5年	都会と田舎、どっちが丈夫か(2枚の写真の読み取りから)	新写真の見方5(アーカイブ)
⑦	5年	神戸と名古屋、どっちに住みたいか(2枚の写真の読取)	「私の住みたい都市」の絵
⑧	5年	青森のりんごはなぜ日本一なのか(常識からの脱却)	新しい理解念形成(同下)
⑨	5年	高知の二期作から促成栽培に変わったのはなぜですか	他地域への応用(同上)
⑩	5年	秋田市と宮古市、盛岡市はどちらが暖かいですか	気候と地勢の関わる概念
⑪	5年	「〜であれば工業地帯である」の仮説をたくさん作りなさい	KJ法・調べ学習・作文
⑫	5年	(環境サイクル図)どこがプツンしているでしょう	環境サイクル図の提案
⑬	5年	農家の生活は楽になったかならなかったか	お金・人口と農業との関係
⑭	6年	初めて上陸した生物は植物か動物か(他、地球の歴史発問)	ノート、自然史を社会科で
⑮	6年	狩り→牧畜、採集→農耕。変化で生活はどう変わったか	歴史大きな枠組みでの捉え
⑯	6年	邪馬台国を探すか(魏志倭人伝を読む→邪馬台国探しへ)	レポート(ルポタージュ)
⑰	6年	口分田は何をもたらしたか(むりやりかご褒美か)	年表作り、土地と歴史
⑱	6年	時代を代表する人物を一人選ぶ、江戸時代も大切な策は。	KJ法、人物資料集、作文
⑲	6年	(戦いと学問で上にいく点では)戦国時代と明治時代は同じじゃないか	四択平等からの新しい視点
⑳	6年	どうして私(僕)は小学校に来なくてはいけないのか。	学級憲法つくり
㉑	6年	多摩川は誰の物か　　　水・遊び場は誰の物か	荒れ地を遊び場にする方法
㉒	全	写真を見てわかったこと、気づいたこと、思ったこと(地名当て含)	雪小モデル→写真の読取
㉓	全	2枚のグラフ(資料)はなぜ真逆だなと思うのか	人口グラフの吟味、出版社への手紙
G	社会科有名実践家による主な討論テーマ(教科研津久見氏はものづくり)と創造題材(加藤氏・板倉氏以外ほぼない)		
①	2年	築地久子	バスの運転酒さんは公平か不公平か	バス会社見学・まとめ
②	2年	有田和正	バスの運転手さんはどこを見ているか	バス会社見学・まとめ
③	4年	小西正雄	提案授業：消火器,水族館を置くならどこ?	地図に落とす作業、未来志向
④	高校	加藤公明	貝塚の犬はなぜ埋葬されたのか(歴史)	貝塚の常識からの脱却
⑤	中学	本多公康	アジアの中学生に手紙を書こう	手紙→自虐史観の定着
⑥		板倉聖宣	相馬藩はなぜ虚偽の申告をしたか(人口グラフ)	複数のグラフの関係性

☆授業は討論の状態になることをあこがれる。討論の授業は、一人一人の人間が対等であるという思想を必要とする。。優等生は「正しい」ものをつかみ出せばよかった。しかし社会では「正しい」「まちがい」がはっきりしない。(ツーウェイ99年1月号)

↑上記討論の向山氏の論は、「自分で判断」「対等」「将来の新しいものの創造・考え方」のアクティブラーニングに合致する。

④2020実施 新指導要領解説 社会科編より主な変更点「グローバル化/防災/海洋

2017年8月4日 **2030実施 新指導要領解説 社会科編より主な変更点「グロー**

A	キーワード	①グローバル化 ②持続可能な社会の形成 ③AI・IoTによる産業構造の変化（第四時産業革命）
B	主な変更点	①グローバル化（3年より地図帳使用/5年領土：竹島尖閣諸島の明記/六大陸と三海洋の確実な習 造の変化（5年情報「販売運輸」/5年工業「優れた技術」プラス）④持続可能な社会（6年政治単元が

★小学校社会科で確実に習得すること＝今までは47都道府県の名称と位置。今回の改訂で「六大陸と三海洋の名
小学校卒業までに我が国の47都道府県や世界の主な大陸と海洋の名称と位置を確実に身に付け、活用できるようにすることが大切である。その

C	目標記述 ＜初めて学習方法＞	（旧）社会生活についての理解を図り、我が国の国土と歴史に対する理解と愛情を育て、国 （新）社会的な見方・考え方を働かせ、課題を追究したり解決したりする活動を通して、グローバル化する国際社
D	具体的内容 の変更点 ＜学年別＞ ★安全 ★国土 ★情報 ★歴史	★3年4年の目標内容記述が学年別に戻る（教科書も学年別に） ★3年生より地図帳使用（旧 3年＝①火災と事故新設（旧4年）ただしどちらかに重点 ②四方位八方位両扱うが八方位は4年修了まで身に付け 4年＝①先人の働き→「開発、教育、文化、産業」に「医療」を追加（高齢化・日本の技術）②新設「自然災害から 5年＝①我が国の固有の領土＝北方領土＋竹島・尖閣諸島（北方領土のみ）②工業生産「優れた技術」追加 ③情 6年＝①政治単元が先（地方の政治が先を改め→憲法・三権分立（行政・司法・国会）→国や地方の政治の順に）②バ

E 新学習指導要領解説 総則編より 改訂の経緯	E 新学習指導要領解説 総則編 学力3つの柱
E-1 背景（AI）＝①人工知能（AI）が自ら知識を概念的に理解し、思考し続けることも言われ、雇用の在り方や学校において獲得する知識の意味にも大きな変化をもたらすのではないかとの予測も示されている。②人工知能がどれだけ進化し思考できるようになったとしても、その思考の目的を与えたり、目的のよさ・正しさ・美しさを判断したりできるのは人間の最も大きな強みである。（プログラミング）	★知識＝学習の過程を通して個別の知識を学びながら、新たな知識が既得の知識及び技能と関連しながら、各教科等で扱う概念を深く理解し、他の学習や生活の場面でも活用できるような確かな知識として習得されるようにしていくことが重要となる ★言語能力を構成する資質・能力（H28中教審より） A 知識・技能 ①言葉の働きや役割に関する理解②言葉の特徴やきまりに関する理解と使い分け ③言葉の使い方に関する理解と使い分け ④既有知識（教科に関する知識、一般常識、社会的規範等）に関する理解 B 思考力・判断力・表現力等 ①テクスト（情報）を理解したり、文章や発話により表現したりするための力 ②情報を多面的・多角的に精査し構造化する力 ③言葉によって感じたり想像したりする力 ④感情や想像を言葉にする力 ⑤言葉を通じて伝え合う力 ⑥構成・表現形式を評価する力 ⑦考えを形成し深める力 C 学びに向かう力・人間性等 ①言葉を通じて、社会や文化を創造しようとする態度 ②自分のものの見方や考え方を広げ深めようとする態度 ③集団としての考えを発展・深化させようとする態度 ④心を豊かにしようとする態度 ⑤自己や他者を尊重しようとする態度 ⑥自分の感情をコントロールして学びに向かう態度 ⑦言語文化の担い手としての自覚
E-2 社会の変化＝平成28年12月の中央教育審議会答申を受け、今回の改訂においては、情報化やグローバル化といった社会的変化が、人間の予測を超えて加速度的に進展するようになってきていることを踏まえ、複雑で予測困難な時代の中で、児童一人一人が、社会の変化に受け身で対応するのではなく、主体的に向き合って関わり合い、自らの可能性を発揮し多様な他者と協働しながら、よりよい社会と幸福な人生を切り拓き、未来の創り手となることができるよう、教育を通してそのために必要な力を育んでいくことを重視する。（学力3つの柱への移行）	
E-3 見直し点＝①グローバル化への対応②持続可能な社会の形成③情報化等による産業構造の変化やその中での起業④防災・安全への対応⑤海洋国家である我が国の国土の様子⑥主権者教育⑦財政や税、社会保障、雇用、労働や金融といった課題への対応⑧少子高齢化等による地域社会の変化	★情報活用能力を構成する資質・能力（H28中教審） <世の中の様々な事象は、情報とその結び付きである> 前提条件＝①情報の操作の方法②プログラミング的思考③情報モラル④情報セキュリティ⑤統計等に関する資質・能力 A 知識・技能 ①情報と情報技術を活用した問題の発見・解決等の方法②情報化の進展が社会の中で果たす役割や影響③情報に関する法・制度やマナー④個人が果たす役割や責任等について、情報の科学的性質に裏付けられた形での理解⑤情報と情報技術を適切に活用するために必要な技能 B 思考力・判断力・表現力等 ①複数の情報を結びつけて新たな意味を見出す力②問題の発見・解決に向けて情報技術を適切かつ効果的に活用する力 C 学びに向かう力・人間性等 ①情報や情報技術を適切かつ効果的に活用して情報社会に主体的に参画し、その発展に寄与しようとする態度
E-4 学校教育を通して育成を目指す資質・能力三本柱＝①知識及び技能 ②思考力、判断力、表現力等 ③学びに向かう力、人間性等 ＜主体的・対話的で深い学び＞	
E-5 体験活動＝社会科では観察や見学、聞き取りなどの調査活動を含む具体的な体験を伴う学習やそれに基づく表現活動の一層の充実を図る	
E-6 課題選択及び自主的・自発的な学習の促進＝社会科では地域の実態を生かし児童が興味・関心をもって学習に取り組めるようにすること。	
E-7 道徳と教科の関連（全教科明示）＝社会科→①地域や我が国の歴史や伝統と文化を通して社会生活について理解することや、多角的な思考や理解を通して、地域社会に対する誇りと愛情、我が国の国土と歴史に対する愛情を涵養することや、伝統と文化を尊重し、それらを育んできた我が国と郷土を愛する態度や態度を養うとともに、国際社会に生きる平和で民主的な国家及び社会の形成者としての自覚をもち、自他の人格を尊重し、社会的な義務や責任を重んじ、公正に判断しようとする態度や能力などの社会科の資質・能力の基礎を養うことは、主として集団や社会との関わりに関する内容などと密接に関係するものである。 **(地域・国土、国際社会への愛情)**	<現代的な諸課題に対応して求められる資質・能力>健康・安全・食に関する力②主権者として求められる力③新たな価値を生み出す豊かな創造性④グローバル化の中で多様性を尊重する力⑤現在まで受け継がれてきた我が国固有の領土や歴史⑦伝統や文化を尊重する力⑧多様な他者と協働しながら目標に向かって挑戦する力⑨地域社会における社会の役割を尊重し地域資源を生かす力⑩自然環境や資源の有限性等の中で持続可能な社会をつくる力

★障害別の配慮例から各教科における障害に応じた指導上の工夫（指導要領記述）＝①資料の拡大や限定②体験・作業③学習の順序・見通しを提示④資

104

国家と領土/多角的な見方」 ※(資料は2030になっています。申し訳ありません。2020年実施です)

バル化/防災/海洋国家と領土/多角的な見方」 TOSS社会　川原雅樹

④防災・安全への対応　⑤海洋国家と日本の領土　⑥主権者教育　⑦少子高齢化　⑧多角的な社会への見方・理解

得/47都道府県漢字で習得/歴史用語変更)②目標に学習方法明記(社会的見方・課題解決)③産業構
先/パラリンピック明記/教科別合理的配慮例明記)⑤防災・安全(3年で警察消防/4年自然災害新設)

称と位置)がプラス。都道府県名は国語4年で都道府県の漢字20字増→5年で都道府県漢字明記へ。
ためその都度、地図帳や地球儀などを使って確認する等して、小学校卒業までに身に付け活用できるよう工夫して指導すること。

際社会に生きる平和で民主的な国家・社会の形成者として必要な**公民的資質の基礎を養う。**
会に主体的に生きる平和で民主的な国家及び社会の形成者に必要な公民としての資質・能力の基礎を次のとおり育成することを目指す

は4年生から)★6年生の学習順=①政治単元(憲法・三権分立→地方の政治)②歴史　③国際社会
る③主な地図記号例示10個追加→交番・図書館・博物館・郵便局・銀行・病院・森林・港・空港(金融・交通・高齢化対応)
人々を守る活動」(地震災害、津波災害、風水害、火山災害、雪害から過去に県内で発生したものを選択)県庁・市役所・自衛隊
報→「販売,運輸」観光、医療、福祉」(販売、運輸と教育が削除)「森林資源と自然災害」→「森林」「自然災害」分割
ラリンピック追加③歴史用語(歌川(安藤)広重ー歌川広重、大和朝廷→大和朝廷(大和政権)、鎖国→鎖国などの幕府の政策)

F　新学習指導要領解説　社会編(H29,6月)より「3つの柱」「社会的な見方・考え方」「特別支援教育」

現代的な課題①グローバル化②持続可能な社会の形成③産業構造の変化④防災・安全への対応⑤海洋や国土の理解⑥主権者の育成

F-1　高校での変化(アクティブラーニングのゴール)

<高等学校地理歴史科>①近現代の歴史を考察する「歴史総合」
②現代の地理的な諸課題を考察する「地理総合」を必履修③発
展学習(選択)「日本史探究」「世界史探究」「地理探究」
<高等学校公民科>①国家・社会の形成に参画する力を育成す
る「公共」を必履修②発展的に学習=「倫理」「政治・経済」

F-2　小・中学校社会科の内容　3領域(新)

①地理的環境と人々の生活(空間的な広がり・・地域→
日本→世界)②歴史と人々の生活(空間的な広がり・・
地域→日本→世界)③現代社会の仕組みや働きと人々の
生活(経済・産業,政治及び国際関係)<小3から>

F-3　小学校社会科における「主体的・対話的で深い学び」

★全てにICT活用=<**主体的な学び**>①児童生徒が学
習課題を把握しその解決への見通しを持つことが必要②
単元を通した学習過程での動機付けや方向付けを重視③
学習内容に応じた振り返りの場面設定、児童生徒
の表現を促す<**対話的な学び**>(例)①実社会で働く人
々が連携・協働して社会に見られる課題を解決している
姿を調べる②実社会の人々の話を聞いたりする活動の充
実<**深い学び**>①社会的な見方・考え方を用いた考察②
**社会的な見方・考え方を用いた構想③社会的な見方・考
え方を用いた説明④社会的な見方・考え方を用いた議論**

TOSS向山型社会型「主体的・対話的で深い学び」
【A主体的】①資料提示②読み取り・発表③課題設定
【B対話的】①おかしいものはありませんか②討論③見学
【C深い学び】①調べる方法を考える②調べる③発表する
②討論する(価値判断)④調べまとめる⑤新しい方法を考え
る(未来の〇〇、最先端技術・制度の是非→未来思考

<新指導要領での討論記述>=①社会的な事象を多面的・多
角的に考察する②複数の立場や意見を多面して選択・判断する
「議論する=互いに自分の主張を述べ合い論じ合うこと」「議論する
力」=①他者の主張につなげる力②互いの立場や根拠を明確に
して討論する力③社会的な事象についての自分の考えを主張する
力②　　<つなげる、根拠の明確化、自己主張>=向山型討論

F-4　社会的な見方・考え方

【A定義・内容】=①社会的事象の意味や意義を知る②特色や相
互の関連を考える③社会に見られる課題を把握する④課題解
決に向けて社会への関わり方を選択・判断する【B視点】=①
位置や空間的な広がり(**分布,地域,範囲**)②時期や時間の経過
(**起源,変化,継承**)③事象や人々の相互関係(**工夫,関わり,協
力**)④比較・分類・総合⑤地域々々や国民生活と関連付け【C活用】
=①視点や方法(考え方)を用いて、調べ、考え、表現して、
理解する②社会生活に生かそうとしたりする
【D学習過程】=①社会的事象から学習問題を見いだし②問題
解決の見通しをもつ③他者と協働的に追究し④追究結果を振
り返ってまとめたり⑤新たな問いを見いだしたりする

★TOSS型「社会的な見方・考え方」を達成する調べ学習STEP5
①資料から課題を見つける②調べ方を各自で調べ学
べ学習、KJ法、討論④調べたことをノートまとめ、意見発表レ
ポート作成⑤未来予測、価値判断の課題を討論する(川原案)

F-5　新指導要領社会科における学力3つの柱

A①　知識　=地域や我が国の地理的環境,我が国
の歴史や伝統と文化,現代社会の仕組みや働きを通して,社
会生活についての総合的な理解を図るためのものである

A②　技能　=「社会的事象について調べまとめる技能」
①情報を(以下同)集める技能②読み取る技能③まとめる技能
★技能は、単元で全てを育成しようとするものではなく、情報を収
集する手段や情報の内容、資料の特性等に応じて指導する。

B　思考力・判断力・表現力等　=1　多角的に考える力①
社会的事象の特色　ア比較・分類・総合して見いだせるイ特
徴や傾向よさ　2選択・判断する力①社会に見られる課題を
把握する②学習したことを基に、社会に議論する力③資料等
把握する(例)農家相互・農協、林業従事者、行政等関わり
3　表現力①考えたことや選択・判断したことを説明する力
②考えたことや選択・判断したことを基に議論する力③資料
等を用いて作品などにまとめたり①図表などに表したりする
表現力②調べたことや理解したことの言語による表現力

C　学びに向かう力,人間性等　=①社会を考え主体
的に解決しようとする態度②多角的な思考や理解を通し
て)涵養される自覚や愛情(地域・国・世界への愛情・自覚)

料発問の工夫⑤見本を示す=TOSS向山型社会のパーツで達成できる(①授業パーツで構成固定化②発問「知覚・選択・発見」③写させる)

⑤新指導要領社会科キーワード10とTOSS向山型社会４つの原則と１つの方法・

2017年8月 TOSS向山型社会セミナー **新指導要領社会科キーワード10とＴＯＳＳ向山型社会**

A	向山型社会４原則と１つの方法	①実証主義（事実で語る）②人間主義（人の生き方）③日本主義（日本人
B	新指導要領社会科キーワード10 ＜2017発解説編より2020全面実施＞	①グローバル化　②持続可能な社会の形成　③ＡＩ・ＩｏＴによる産業構 ⑥主権者教育　⑦少子高齢化　⑧多角的な社会への見方・考え方　⑨主体
C	新指導要領と向山型社会の関連	①実証主義→多角的な見方考え方②人間主義→持続可能な社会・少子高齢化③日本主義→

★**主体的・対話的で深い学び＝向山型討論・KJ法・調べ学習・発問の条件（知覚語・選択・発見）・雪小モデル** ★

D	指導要領改訂の時代背景（文科省）	①シンギュラリティ（汎用ＡＩが人間の能力を超える：技術的特異点）②IoT・IoE

いかに進化した人工知能でも、それが行っているのは与えられた目的の中での処理である。人間は感性を豊かに働かせながら

E	シンギュラリティへの未来予測（同上）	① GDP 低下→新しい教育へ　②OECDのPISA型学力2000年　③201 年入学者の新しい仕事6

F	新指導要領社会的な見方・考え方と向山型社会との関連	G	向山型社会「社会的な見方・考え方」の学習過程

F－1　新指導要領「社会的な見方・考え方」キーワード

①定義＝社会的事象の意味や意義を知る②特色を考える③関連を考える④課題を把握する⑤課題解決への社会の関わりを選択判断する

②視点＝①位置や空間的な広がり（**分布，地域，範囲**）②時期や時間の経過（**起源，変化，継承**）③事象や人々の相互関係（**工夫，関わり，協力**）④比較・分類・総合⑤地域々や国民生活と関連付け

向山型社会における社会的見方考え方の視点

①雪小モデル＝写真読取表（★位置空間（分布，地域，範囲）
★時間（起源・変化・継承）★比較・分類・統合★経験の比較）

①社会的な見方・考え方【学習過程】＝①社会的事象から学習問題を見いだし②問題解決の見通しをもつ③他者と協働的に追究し④追究結果を振り返ってまとめたり⑤新たな問いを見いだしたりする。

向山型社会における基本的な学習過程

アクティブ・ラーニングの実践手法　　E-1　社会科授業の基本的な資料（85年12月）

①課題を見つける　**論争**
②課題を追究する
③討論する
④異なる意見を認める
⑤まとめる

もの・形 ～がある ～が大きい 白い	①人 ②動物 ③のりもの ④山・川・自然 ⑤道具・機械 ⑥かんばん ⑦その他	目についたこと	くらべたこと		
		地域		A	E
事象・人		分類・比較・統合			
分布　～が多い，少ない		分布	**比較**		
地域的，空間的なこと どこ，どちら向き	**空間**	地域・範囲	**生活との関連**		
時代的，時間的なこと いつ，何年	**時間**	起源・変化			
その他	ホームラン級の社会的な見方・考え方				I

①内部情報の蓄積（資料提示→多様な意見→コード提供）

②課題の発見（分類→おかしいものはどれ？討論→課題）

③課題の追究（TOSS型調べ学習→教科書・事典・ICT）

④討論（指名無し→自由な雰囲気→異なる意見を認める）

⑤まとめ（意見文・レポート・地図，年表・パンフレット・動画等）

②向山実践における発問指示＝①拡散→集約「一番重要な○○」「特徴的な○○」（比較・分類・統合）②時期を問う「元が責めてきたのはいつか」③場所を問う「邪馬台国をさがそう」（資料の関連付）④比較を問う「口分田は何をもたらしたか」「○○時代の特徴をひと言で言うと」「学問のしくみはどう変わりましたか」15年戦争から一つ選ぶ」（事象間・生活との関連付）

①向山洋一氏 2015 年 5 つの型）を方法に変換

②1985 年社会科授業の基本的な流れをシンプル

③活用＝①視点や方法（考え方）を用いて，調べ，考え，表現して，理解する②学んだことを社会生活に生かそうとする

向山型社会における「活用」の視点

①「6年学級憲法を作ろう」（学習したことを使い生活に生かす）
②「3年屋上から見えるもの」（生活体験を元に場所を予想する）
③「6年多摩川はだれのもの」（法律を川等の所有権を考える）

向山型社会アクティブラーニング　５つの基本型と２つの型

＜青森のリンゴ型＞ ①常識や原因の確認 （教科書記述集） ②反対の資料提示 ②課題の発見 ③予想・討論・意見 ④まとめる （他の原因の提示）	①内部情報の蓄積 ア　資料提示 イ　多様な意見 ウ　コードを与える （発問・指示） ②課題の発見 ③課題の追究 （調べる方法） ④討論・異なる意見 ⑤まとめる
＜複合型＞ （明治時代） （水道）	

★**討論エビデンス1984＝アメリカミネソタ大学（ジョンソン）小6社会。理解テストは論争群は明らかに追究群や個人学習群に比べて**

授業との関連

4つの原則と1つの方法・授業との関連 <small>TOSS 兵庫</small> 川原雅樹

の気概）④未来主義（明るい展望） ＝ 授業で行う（決してアジテーションではない）

造の変化（第四時産業革命） ④防災・安全への対応 ⑤海洋国家と日本の領土
的・対話的で深い学び（旧アクティブ・ラーニング） ⑩社会的な見方・考え方

グローバル化・防災/安全④未来主義→第四時産業革命 ＝ 授業で行う（多角的な社会への見方考え）

社会的な見方・考え方＝向山型社会4原則と1つの方法・雪小モデル写真読み取り表

★①予測困難な時代 ★②職業の変化 ★③人間による未来の創り手 ★④第四次産業革命

のような未来を創っていくのか目的を自ら考え出すことができる。このために必要なのが人間の学習である

5％（デビットソン） ④2030年47％の仕事機械化（オズボーン） ⑤2030年週15時間程度の勤労

H　新指導要領「社会的な見方・考え方」&「主体的・対話的で深い学び」と向山型討論

★TOSS型「社会的な見方・考え方」を達成する学習過程「討論への道」STEP5（川原案）

①資料から課題を見つける（一枚の写真・グラフの提示→わきお→おかしいこと→課題）
②調べ方を考える（調べ方を考えなさい→すぐできること、できないことに分けなさい）
③グループで調べ学習、KJ法、討論（例：戦国時代「人物資料集作り」→エピソード）
④調べたことをノートまとめ、意見発表レポート作成（邪馬台国をさがせ→個人レポート）
⑤未来予測、価値判断の課題を討論する（雪国の人は損ではないか、どちらに住みたいか）

H-1　新指導要領社会科解説編「主体的・対話的で深い学び」2017年6月発表

★全てに ICT 活用＝＜**主体的な学び**＞①児童生徒が学習課題を把握しその解決への見通しを持つことが必要②単元を通した学習過程での動機付けや方向付けを重視③学習内容・活動に応じた振り返りの場面設定、児童生徒の表現を促す＜**対話的な学び**＞（例）①実社会で働く人々が連携・協働して社会に見られる課題を解決している姿を調べる②実社会の人々の話を聞いたりする活動の充実＜**深い学び**＞①社会的な見方・考え方を用いた考察②社会的な見方・考え方を用いた構想③社会的な見方・考え方を用いた説明④社会的な見方・考え方を用いた議論

ＴＯＳＳ向山型社会版「主体的・対話的で深い学び」と向山型授業パーツ（川原案）

【A主体的】 ①資料提示→②読み取り・発表→③課題設定 （★魅力的な資料提示）
【B対話的】 ①おかしいものはありませんか→②討論→③見学 （★お隣の人と相談等）
【C深い学び】①調べる方法を考える→②調べる→③発表する→④討論する（価値判断）
→⑤まとめる→⑥新しい方法を考える（未来の〇〇、最先端技術制度の是非→未来思考）

I　向山実践及び新しいTOSS向山型における「討論になる発問と社会的な見方・考え方」例

学年	発問（「比較」「生活（法律含）関連」「変化」が多い＜下3つは未来＞	社会的見方視点
3年	①〇〇地区の交通事故が多いのは不注意の人が多いからですか	生活体験との関連
3年	②大きな商店街にない工夫を見つけよう（師尾実践への助言）	比較・分類
3年	③ 50m100m離れると太陽はどれくらいの大きさに見えますか	生活体験との関連
4年	④雪国の人は損ではないか（雪国では学校に行けないのでないか）	生活体験・比較
4年	⑤水道の水は元をたどっていくとどこから来ていますか。（道）	起源・変化
5年	⑥このゴミは宇宙まで持って行くとゴミ問題は解決するか	生活との関連
5年	⑦都会と田舎、どっちが丈夫か（2枚の写真の読み取りから）	関連付・比較
5年	⑧青森のりんごはなぜ日本一なのか（常識からの脱却）複合	地域・工夫
5年	⑨高知の二期作から促成栽培に変わったのはなぜですか。複合	工夫・変化
6年	⑩北方領土は何％くらい日本の主張が正しいか（領土学習全般）	条約との関連
4年	⑪多摩川は誰の物か。（水・遊び場・魚は誰の物か）公民	法律との関連
全	⑫写真の読み取り（わきお）・過去と未来・問題点・解決策	時間・比較
5年	⑬植物工場の野菜は工業製品か（植物工場は農業か工業か）	産業の変化
56年	⑭北朝鮮から難民が来たらどうするか（受入、テント設営等）	国際条約・情勢
6年	⑮日本の水産業はIQ（個別漁獲高）を受けいるかどうか	環境、国際

すぐれていた。4週間後に行われた再テストでもその効果が持続、論争群は最も成績が優れていた。

ＴＯＳＳ向山型社会の

2017/11/19　TOSS 向山型社会セミナー in 名古屋　第 8 部

1999年10月31日第1回法則化社会全国大会：向山洋一氏講演『法則化社会研究会の進むべき方向「4つ

①　実　証　主　義

第 1 は、**徹底した「実証主義」に基づくという授業**であることです。その事実が表面的なことではなく、**つっこんだ上で、**いろんなことも調べた上で、そういった**実証に耐えられるもの、事実に耐えられるもの、**そういったことを基板とした社会科教育をしていただきたい、というふうに思っております。

旧文化教師は
真っ赤な嘘
を
「事実」としてどう教えたのか

向山洋一 著

②　人　間　主　義

第 2 は**「人間主義」**とでも申しましょうか。それぞれの人の生き方、それはもちろん歴史上になをとどめた人もいるでしょう。そうでない人もいるでしょう。メタルカラーの時代というのは、日本で現在ある中小企業のたくさんの人々が努力の結果、世界最高峰の技術を創り上げたのです。そういった**人間にあくまでこだわり、そこの中で生きてきた人のことを大切にしていただきたい**と思うのであります。そういった点では、マルキシズムの歴史観とは一線を画します。（略）真っ向から対立します。

【実証主義】主な実践例・論文例

①著書「旧文化教師は真っ赤な嘘を事実としてどう教えたのか」(2004 年 3 月明治図書)
ア：歴教協の北朝鮮授業「地上の楽園」1977
イ：北朝鮮の段々畑と土止め・電線・禿げ山
ウ：北朝鮮のミサイル問題と難民・日米安保
エ：15 年戦争「一年に一つ 1 5 の事件」「止められるならどこか」(ロンドン軍縮会議)
オ：南京「百人斬りは可能か」参加してない
カ：文化大革命：毛沢東の私的権力争い
キ：1965 年日韓基本条約五億＄請求権消滅
ク：東京大空襲（非戦闘員死亡：国際条約）
コ：ヒロシマ（非戦闘員死亡：国際条約）
サ：教科書「侵略→進出」問題（事実で無い）
シ：島で靴を売るセールスマンの話
ス：北方領土と国際条約の問題
セ：イラク攻撃：中国アメリカの是非
ソ：エネルギー「石油がなくなったら」
タ：エネルギー「原子力の是非と安全性」
チ：地球温暖化と二酸化炭素排出量
ツ：環境教育「ＮＡＳＡ　夜の地球」授業
テ：都市作り教育「シャッター通り」

①実践「青森の林檎はなぜ日本一になったか」
②実践「江戸時代の人口」２つのグラフの比較
③実践「邪馬台国はどこ」魏志倭人伝の読取
④実践「奈良の大仏」銀をどれくらい出したか
⑤実践「交通事故」事故の原因は人の不注意か
⑥実践「秋田市と宮古市はどちらが温かい？」
⑦実践「高知の二期作が促成栽培になった理由」
⑧実践「富士スバルライン」森は生きている
⑨実践「植物と人間：宮脇昭」地理系答案
⑩実践「多摩川は誰のもの？」法律その他
⑪論文「貝塚はゴミ捨て場か」（お墓という説）

【実証主義】主な実践例・論文例

①実践「福沢諭吉と人間のめざめ」初めて見たもの
②実践「戦国時代」時代を代表する人物は誰か
③実践「奈良の都」銀を出した人、貧窮問答歌
④実践「口分田の授業」貴族から武士へ
⑤実践「私の先祖は何人？」地球の歴史の授業
⑥実践「百人斬り」野田・向井少尉 1997
＜以下「社会科教育」明治図書より以下＞
⑦論文「人の短絡的理解」(吹き出し法批判) 1983
⑧論文「都市作り」誰が再生主体にふさわしい
⑨論文「歴史人物の生き方」プラスマイナス
⑩論文「いこい寿司の板前さんの話」日本
⑪論文「社会主義崩壊 10 年人を得てことを為す」
⑫論文「人物を通して歴史を学ぶ・精選」1986

向山型社会の全体像①　日本主義　実証主義

⑤１つの方針＝授業で語る
＝もう一つを付けるというのなら、**私**
して行っていきたいのです。決して政治家が多くの人をアジるような説得するようなそういうこと
そしてそれを受けた**子供たちが、賛成であり、反対であり、ほ**

全体像「４つの原理と１つの方針」 TOSS社会 川原雅樹

の原理」と「１つの方針」』： 私たちがやっていく上でのスタンス、その原理について話しておきます（講演記録）

③ 日 本 主 義	④ 未 来 主 義
３つ目が**「日本主義」**とでも言いましょうか。私たちは日本の教師なのですから、日本人の立場に立ち、日本人のことを温かく見る、まず、そういった視点を貫いていただきたいのです。（略）もちろん間違いは間違い、失敗は失敗、それは率直に話し教えるべきでしょう。しかし、そのことを過度に重視するあまり、嫌いになった等と、そんなことを言わしめるようなことが、日本の教育・日本の大切な子供を預かる教師がやっていい授業ではありません。**日本が好きになるように、いわば日本を大事にするような中身**であってほしいと思うのです。	最後４つ目が**「未来主義」**とでも申しましょうか。子供たちが来たるべき**20年、30年、40年に突き当たるかもしれない問題**を今の段階から授業していくのです。その中で**基礎的な事実**、そういったことを授業の中でかけていくのです。
【実証主義】主な実践例・論文例	**【実証主義】主な実践例・論文例**
①著書「旧文化教師・・・同左」（2004年明治図書） 　ア；南京「百人斬りは可能か」参加してない 　イ：1965年日韓基本条約五億＄請求権消滅 　ウ：東京大空襲（非戦闘員死亡：国際条約） 　エ：ヒロシマ（非戦闘員死亡：国際条約） 　オ：教科書「侵略→進出」問題（事実で無い） 　カ：北方領土と国際条約の授業 ②実践「ペリー来航」黒船・機関車を作ったのは何年後 ③論文「日本の子供が語れる歴史を」1998 社会科教育 ④実践「15年戦争」15の事件とどこなら止められる？ ⑤論文「北朝鮮崩壊。難民が来たらどうするか」 ⑥一門合宿にて「沖縄の海兵隊の意味」大統領指示で ⑦メタルカラーの授業・古代からの日本の技術の話等	① 著書「旧文化教師・・・同左」（2004年） 　ア：エネルギー「石油がなくなったら」 　イ：エネルギー「原子力の是非と安全性」 　ウ：地球温暖化と二酸化炭素排出量 　エ：環境教育「NASA 夜の地球」授業 ②北朝鮮潜水艦がやってきたらどうするか ③朝鮮半島有事「自衛隊はどこまでできるか」 ④北朝鮮難民が入ってきたらどうするか ⑤WWWの授業「ツリー型からウエブへ」 ⑥TOSSランドの創設（千年紀を生きる） ⑦日本の憲法「外国は何回変えられたか」 ⑧日本の領土「北方領土」「尖閣」「竹島」 ⑨ＡＩ、第四時産業革命への実践や話など

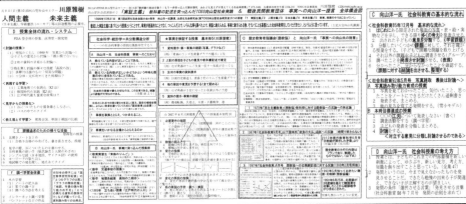

たちはそれを教育という中で行っていきます。教育として授業とではなく、**授業という形の中であくまでも事実を伝える**のです。かの方向を向く、そんなの当たり前の話です。

2018年8月3日（金）TOSS向山型社会セミナー in 東京　**新指導要領「各学年の社会科指導の**

A	**指導要領改定の趣旨**	挑戦の時代＝①生産年齢人口の減少 ②グローバル化 ③技術確認（ＡＩ）→人工知能が進化
B	**社会科改定の趣旨** 【生き方・国際化・地球規模】	高校＝社会科・地理歴史科・公民科での最終目標＝国家及び社会の形 判断する力 ②自国の動向とグローバルな視点で諸課題を歴史的に考
C	**小中学校社会科内容**	①地理的環境と人々との生活②歴史と人々の生活（空間的広がり＝地域・
D	**小学校社会科の目標** 【公民としての資質能力】	社会的な見方・考え方を働かせ、課題を追究したり解決したりする活動を通して、グローバ ①知識及び技能＝社会生活を理解し、調べまとめる技能 ②思考力・判断力・表現力等＝多角

★**小学校社会科のねらい**＝身近な地域や市や県についての理解を深め、地域社会に対する誇りと愛
★**小学校社会科の目標**　＝よりよい社会を考え主体的に問題解決しようとする態度を養うととも
の国土や歴史に対する愛情、我が国の将来を担う国民としての自覚、世界の国々の人々と共に生

E	**公民的資質とは？** （選挙できる能力）	①**多角的に考え**＝社会事象を多面的・多角的に考察すること、複数の 的に生きる平和で民主的な国家を育成すること③**政治参加の能力**＝選
F	**小学校社会科目標（川原試案）**＝地域、国、世界の社会事象・日本の歴史の学習により、資料	

G　全学年で身につける社会的な見方・考え方	**J　各学年のポイント及び内容（内容3領域**	
①位置　②空間的な広がり（分布、範囲）③時期・ **時間の経過（起源・変化・継承）④事象間の関係（つ** ながり）⑤事象と人との関係（つながり、協力、工 夫・関わり）⑥比較（違い・共通点）⑦分類（違い ・共通点）⑧総合（違い・共通点）⑨地域の生活と の関連づけ（役割）⑩国民生活との関連づけ（役割） ★雪小モデル写真読取＝社会的な見方・考え方		**3年生（市・産業・昔調べ）**

	1　知識	①人々が相互に関わりを持ちなが
	2　調べ まとめる 技能	①情報を集める技能 ②集めた情 技能（課題→結論）＝＜単元の
		★**調査活動**・地図帳や各種**具体的**
		①調査活動（見学・インタビュー）
	3　思考力 判断力	①特色（特徴・傾向・よさ）や観 の関わり方（**事象間のつながり、**
	4　表現力	①考えたこと、選択・判断したこ めたり図表などに表したりする
		考えたことや選択・判断したこと
	5 学び人間性	地域社会（自分たちの市・

H　小学校卒業までに確実に身につける知識
①**４７都道府県の名称と位置（漢字で書ける** ②**世界：六大陸と三海洋の名称と位置**
我が国の４７都道府県の名称と位置、世界の大陸と海洋の名 称と位置については、学習内容と関連付けさせながら、その都 都、地図帳や地球儀等を使って確認するなどして、小学校卒業 までに身につけ活用できるように工夫して指導すること

I　全学年共通＝有益適切な教材（多角的な考え）
①多様な見解、未確定な事柄＝一面的な見解を配 慮なく取り上げる等の偏った取り扱いをしない ②児童が多角的に考えられるようにすること ③事実を客観的に捉えるようにすること ④公正に判断することを妨げないこと

6　内容	
	(1)わたしたちの校区と市 ①**教科用図書「地図」使用** ②**市役所を取り上げる（新）** ③白地図にまとめる（四方位） （八方位は取り上げ４年で確実に） ④地図記号（24例示） ⑤公共施設→市に寄って運営 避難所は市役所で指定 (2)市で作られる物（生産） ★農家・工場・林業・漁業から選択 (3)販売の仕事 ★小売店、スーパー、コンビニ、デパ ート、移動販売から選択 (4)**火災事故、両方取り上げる** (5)市の様子の移り変わり（道具）
★3年→消防・ 警察	
★4年→災害 （県内で起こっ た物）	
★5年→優れた 技術、情報 に販売・運 輸。 竹島、尖閣	
★6年→(1)憲 法、政治(2) 歴史の順番	

K 障害のある児童についての指導内容や指導方
入れる④学習の順序を説明（パーツ化）⑤写真等

討論

べる技能

「ポイント」変更点＆社会的見方・考え方＆調べる技能　　TOSS社会　**川原雅樹**

し思考できるようになっても、思考の目的を与えたり、目的のよさ、正しさ、美しさを判断できるのが人間の最も大きな強みである。

成者として必要な資質・能力を育むこと　→　①社会の在り方や人間としての生き方について選択・
察する力 ③持続可能の視点から地球規模の諸課題や地域課題を解決しようとする態度（歴史地理総合）

日本・世界）③現代社会の仕組みや働きと人々の生活（経済・産業・政治・国際関係）**→中学校とのつながり**

ル化する国際社会を主体的に生きる平和で民主的な国家及び社会の形成者に必要な公民としての資質・能力の基礎を次の通り育成する。
的に考え課題解決を選択判断し表現できる力　③学びに向かう力・人間力等＝地域社会・国土・歴史への誇り愛情、国民としての自覚

情を養うとともに、我が国の国土と歴史に対する理解を深めて、それらに対する愛情を養うこと（P28）
に、多角的な思考や理解を通して、地域社会に対する誇りと愛情、地域社会の一員としての自覚、我が国
きていくことの大切さについての自覚などを養う（P128、指導要領解説最終ページのまとめの文章）

立場や意見を踏まえて選択・判断すること　**②グローバル化への対応**＝グローバル化する国際社会に主体
挙権を有する者に求められる資質・能力、民主的な政治に参画する国民としての資質・能力

を元に多角的に調べ、考え、議論し、政治参加、AI・グローバル化に対応できる基礎を育成すること

＝　**①地理的環境と人々との生活　②歴史と人々の生活　③現代社会の仕組みや働きと人々の生活）**

4年生（環境・県・災害）	5年生（国土・産業・情報・環境）	6年生（政治・歴史・世界）

ら生活していることを理解する②社会生活に適応し、地域社会や国家の発展に貢献しようとする態度を育てる

報を「社会的な見方・考え方」に沿って読み取る技能　③読み取った情報を問題解決に沿ってまとめる
まとまりごとに全て育成しようとせず、内容や資料の特性に応じて指導する＞（例：写真、グラフ等）

資料→必要な情報を調べまとめる	★基礎的資料から情報を適切に調べまとめる	
②写真③イラスト④映像⑤具体物	①地図帳　②地球儀　③統計	①地図帳②地球儀③統計④年表

点、意味（社会事象と生活との関連）を**多角的**に（複数の立場や意見を踏まえて）考える力　②社会へ
社会事象と生活との関連を選択・判断する力　→　**★未来志向（未来の○○はどうなるか：川原案）**

とを説明する力　②考えたこと、選択・判断したことを議論する力　③資料等を用いて作品などにまと
表現力 ④調べたことや理解したことの言語による表現力　**★事象の説明、討論、見開きノート2p**

を表現（**文章記述・図表で表し説明**）	考えたことや選択・判断したことを、**説明**したり、**議論**する力	
都道府県）の一員としての自覚	日本国民としての自覚	世界に生きる日本人としての自覚
(1)飲料水・電気・ガス（1つ選択） (2)ごみ、下水（衛生＝1つ選択） (3)わたしたちの都道府県 　①伝統的な地場産業の地域 　②**国際交流に取り組んでいる地域** 　③地域の資源を保護活用してる地域 　（自然環境 or 伝統的な文化を選択） 　から3地域選択（**国際が追加**） (4)47都道府県の名称と位置 　（漢字使用→卒業までに確実に） (5)先人の働き＝①開発②教育 　③文化④産業・**★⑤医療（追加）** (6)**自然災害から人々を守る活動** 　（①地震②津波③風水害④火山⑤雪）から 　県内で起こった物を選択）（**新**）	(1)日本の領土（**大小の島々**） 　（**竹島**、北方領土、**尖閣諸島**） (2)六大陸と三海洋（確実に） **①ユーラシア大陸や周りから10程度②北ア メリカ大陸から2程度③南アメリカ大陸か ら2程度④アフリカ大陸や周りから2程度⑤オー ストラリア大陸や周りから程**（主な国） (3)特色ある自然条件の地域 　**★温暖多雨・寒冷多雪より1地域。自分 の地域と違う物を選択すること** (4)食糧生産（稲作＋野菜、果物、畜産物・ 水産業から1） (5)工業＝金属 機械 化学 食料品から1 (6)情報（**販売・運輸が追加**） (7)自然災害→国や県の対策	**(1)日本国憲法・三権分立**（天 皇の地位）（栽培員制度）（租税） (2)国・地方公共団体政治→**社会保障、 自然災害からの復興・地域開発や活性 化から一つ選択**）法令・予算との関連 (3)歴史と人々の生活→**①世の中 の様子**、人物の働きや代表的な文化遺 産などに着目**②我が国の歴史の展開**③ **大まかな歴史**④関連する先人の業績⑤ 優れた文化遺**⑥の理解（時代10区分） **★世の中の様子→いつから始まったか、 どのような世の中だったか、どのように に発展したか** (4)世界と日本の役割→国調べ （1国）、ユニセフユネスコ

法の工夫＝①地図等の情報を拡大②見る範囲を限定（消す、囲ませる、指をおかせる）③体験や作業を取り
の資料の工夫⑥発問の工夫⑦ヒントをカードなどで示すこと⑧見本を示すこと（雪小板書、ワークシート等）

⑧新指導要領社会科「各学年で使えるTOSS向山型社会：授業の型や発問」

2018年8月3日（金）TOSS向山型社会セミナー　　**新指導要領社会科「各学年で使える**

TOSS向山型社会4原理と1方針	①実証主義（徹底した事実の追究）　②人間主義（人の生き方）
小学校社会科の目標（新指導要領）	①知識及び技能＝社会生活を理解し、調べまとめる技能②思考力・判断力・表現力等＝

A　向山型社会　全学年対応1時間の流れ	B　新指導要領対応「未来予測を取り入れた単元構成」
①フラッシュカード（1分、1回に5枚程度） （3年：地図記号・市章・市花等、4年：都道府県名、県章等5年：都道府県名・六大陸と三海洋、山地河川、6年：人物名・時代名・国旗） ②地図帳地名探し（5分程度） （3年市、4年県・日本　5年～3学期6年：世界） ②人物調べ（6年．資料集から1人1p、5分） ★最初は10分程度。自由に一人選んで「人物名、時代名、やったこと、エピソード、似顔絵」をノート1pに書く。1人終わったら教師に見せ、合格したら次の人物へ。1年で例示42名は終了する。42名終わってしまったら、好きな人などから選ぶ） ③略地図書き（5分練習、5分テスト） （3年市、4年県・都道府県、56年大陸・海洋） ④教科書の内容（20分：右参照） ⑤まとめ（資料集やプリントの作業）5分 ★持ってきて合格したら授業終了（個別評定）	 ①資料読取（内部情報の蓄積） ②課題の発見（読取のズレ） ③討論（指名無し・評価） ④調べ学習（調べ方も最初問う） ⑤まとめ（見開き2p、発表） ⑥未来予測（未来の○○作品）

E　全学年全単元で使える向山型社会パーツ（写真、グラフ、地図帳、ノート、見学）		F-1　3年
1　雪小モデル「写真読取から討論・調べ」 (1)写真を見て分かったこと、気付いたこと、思ったことをできるだけたくさんノートに箇条書きにしなさい。（褒める、驚く） (2)○つできたら持ってらっしゃい（縦書板書） (3)左から順番に発表しなさい。 　Aパターン：評定により読取技能を高める 　(4①)点数をつけます。（上記D読取表） 　(4-②)もう一度書いて持ってらっしゃい。 　Bパターン：読取表による発問（同上） （例）①午前ですか午後ですか、方角は？ 　　　②○○の工夫は何ですか（調べ学習へ） 　Cパターン：簡単な討論による課題設定 　(①)おかしいものはありませんか（指名無） 　（討論→課題の設定：教師がする場合もある） 　　以後、調べ学習→まとめ→未来予想など **2　統計資料（グラフ）の読取から討論・調べ」** (1)タイトルは何ですか。(2)出典は何ですか。(3)年度はいつですか。(4)縦軸の単位は何ですか？(5)横軸の単位は何ですか。 (6)このグラフは次の5つのうちどれですか。 　　(7)変化の理由は何ですか 　　（予想・調べ学習)(8)理由はそれだけではありません。調べてみましょう（複合的な要因を示す）	**3　地図帳を使った地名調べ** (1)地図帳のあるページを開かせる。 (2)教師が地名の問題を出す。（板書） (3)見つけた子は赤鉛筆で囲む、立つ。 (4)教師が立った順番に順位を言う。 (5)最初の3名程にヒントを言わせる。 (6)10名程立ったら「立っている人、座っている人に教えてあげなさい」 (7)1番だった子に次の問題を出させる （1日3～5問程。変わった地名を教師が出すと子供も真似する。○○国際空港等、地図記号の違いも出題） **4　見開きノート2pまとめ** (1)一単元を見開き2pにまとめさせる (2)慣れてきたら教科書等丸写ししない 　★最初は教師が示してもいい (3)イラスト・図解をすすめる (4)ノート作りの時間を与える (5)1pで持ってこさせ評定する。評価は「合格」のみ。不合格は修正、やり直し。ABCD等ランクはつけない。 　★特に立派なノートは全員に紹介する **5　見学「目に付いた物」を記録** (1)見学で「目に付いた物」を何でもノートに3行毎に箇条書きさせる (2)教師が「もう○個も書いたの」と驚いてあげると子供に火がつく。 (3)帰ってきたら「なぜその物がそこにあったのか」予想して書かせる。 (4)一番すごい物を書かせる→KJ法 (5)班毎に一番凄い物を発表（討論）	**1　わたしたち** (1)あの看板の道とではどっったこと、気きるだけたく (2)50m離れると **2　校区探検→** (1)道一本だけ (2)家の周りに (3)学校の地図 **3　生産と販売** (1)イラスト→ (2)未来の○○ **4　火災と事故** (1)白、青、オ (2)邪魔な人は **F-3　5年** **1　日本の国土** (1)対ロシア、 (2)日本の範囲 (3)領土の条件＝ (4)北方領土は **2　特色ある自** (1)雪国の人は損 (3)沖縄のパイ (4)沖縄と新潟 **3　我が国の食** (1)青森のりんこ (2)教室の工業 **4　情報・森林** (1)WWWの授業

G　障害のある児童への工夫（合理的配慮）　＝　①地図や資料の拡大（手元に置く＋前に大きく掲示）②

ＴＯＳＳ向山型社会：授業の型や発問」

TOSS 社会　**川原雅樹**

③日本主義（日本が好きになる）　④未来主義（未来への課題）　⑤授業で語る（発問指示）

多角的に考え課題解決を選択判断し表現できる力③学びに向かう力・人間力等＝地域・国土・歴史への誇り愛情、国民の自覚

C　社会的見方・考え方と雪小モデル	D　小学校卒業までに確実に身につける２事項
①位置　②空間的な広がり（分布、範囲）③時期・**時間の経過（起源・変化・継承）④事象間の関係（つ**ながり）⑤事象と人との関係（つながり、協力、工夫・関わり）⑥比較（違い・共通点）⑦分類（違い・共通点）⑧総合（違い・共通点）⑨地域の生活との関連づけ（役割）⑩国民生活との関連づけ（役割）★雪小モデル写真読取＝社会的な見方・考え方	①４７都道府県の名称と位置（漢字で書ける）②六大陸と三海洋の名称と位置　（略地図） **〈都道府県〉**①フラッシュカード②略地図（中国→東北→四国の順）③アメーバーゲーム **〈六大陸と三海洋〉**①フラッシュカード②略地図③グーグルアースで位置関係を見る **〈正進社資料集の見開き地図で地図確認する〉**

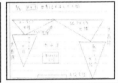

生で使える向山型社会の発問指示等	F-2　４年生で使える向山型社会の発問指示等
の市（高い所からの一望と見学） 下には何があるかな（2）あの道とあのちが高いかな(3)ぐるっと見渡してわか付いたこと、思ったことをノートにでさん箇条書きにしなさい。 太陽はどれくらいの大きさに見えますか **校区地図作成（地図記号の正む）** 探険）まわりに見える物を書きなさい。家から学校→地区の地図を合体→校区 記号は何学校？→高校は？→大学は？ **（スーパーマーケット）** 季節か？時間か？もうかっているか？を絵と文で。CM作り、新製品作り **（警察署と消防署）**一枚の写真から レンジ、何色の人が一番先に来た？誰？（3）不注意の人が多いから事故が多い？	1　わたしたちの都道府県（観光立国教育） (1)都道府県パンフレット作り (2)観光動画・チャレンジ (3)外国人に引っ越しを薦めるなら県のどの地方？(国際) (4)学習レポート作り→地図、地形図、県庁見学 2　安全と衛生（ごみ・下水道、上水道・電気・ガス） (1)ゴミの旅→ゴミ箱の次は？その次は？　（見学へ） (2)土地が増えるからゴミをいっぱい出せないことか (3)宇宙にゴミを持って行くとゴミ問題は解決するか (4)水道の５ｍ先、水はどこを通っていますか（遡る） (5)一日にペットボトル何本くらい水を使いますか 3　自然災害と人々を守る活動（自分の県での災害） <地震・津波・風水害・火山・雪から自県で発生した例を取り上げる> (1)写真を示し、災害前はどうか、これからどうなるか、問題はなにか　どうしたらいいか（役場・自衛隊） 4　先人の働き（開発、教育、文化、産業、医療から一つ） (1)インタビュー聞き取り→見開き２ｐにまとめる

生で使える向山型社会の発問指示等	F-4　６年生で使える向山型社会の発問指示等
と領土（竹島・尖閣諸島・大小の島々） 対中国、対韓国、対○○？（水没）を囲みなさい。（排他的経済水域） 先占、実効支配、国際条約、両者の言い分 何％位日本の物か？（日露和親条約） **然条件の地域（温暖・寒冷・低地）** ではないか(2)大雪を○○に持って来ちゃえ ナップルはどのようになっているか。 （低地と高地も）どちらに住みたいか **糧生産（農業・水産業）、工業生産** （農産物）はなぜ日本一になったか 製品、工業製品でないものは何か 業地域だ（仮説作りとＫＪ法→レポート） **・公害防止・国土の保全** (2)公害問題と環境問題 (3)サイクル図	1　日本国憲法と政治（三権分立・国・地方公共団体） (1)学級憲法作り　(2)日本と外国の憲法改正回数比較 (3)多摩川はだれのものか（地方公共団体と国の管轄） 2　日本の歴史（人物・文化遺産中心、大まかな歴史） (1)地球の歴史「初めて上陸したのは植物か動物か」「両生類よりは虫類が高級なのはなぜか」「一本の直線」(2)狩り→牧畜、採集→農耕で生活はどう変わったか(3)タイムマシンで行くなら縄文・弥生どちら？(4)邪馬台国を探そ(5)奈良の大仏「どれくらいの人が銅を出したか」(6)平安鎌倉「土地を開墾するにはごほうびか、無理矢理か」(7)戦国時代「一言で言ってどんな時代」「時代を代表する人」etc(8)徳川の代を続かせるためにとった策は？　（重要なものを選ぶ）(9)初めて黒船を見た日本人はどう思ったか(10)諭吉は横浜で何を見たか（文明開化）(11)本当に四民平等になったか(12)15年戦争の事件→止められるならどこか？ 3　世界と日本の役割（つながりの深い国、ユニセフ・ユネスコ） ★○○（外国名）パンフレットを作ろう。日本の技術

範囲の限定（指で指させる、赤鉛筆で囲ませる）③パーツに分ける④読取→板書（手本にさせる）

⑨TOSS向山型社会　調べ学習の基本的な流れVer.3「調べ学習から討論（表現）

TOSS向山型社会セミナー大阪2019　調べ学習から討論への道筋　「「調べ学習に関連する向山

TOSS向山型社会　調べ学習の基本的な流れ

A　基本的な流れ　社会科における調べ学習STEP7　＜①内部情報の蓄積→②課題の

①内部情報の蓄積	②課題の設定	③調べ方を考える
1　見学へ行く（直接体験） 2　知っていることを書き出す 3　ビデオを見る（間接体験） 4　写真を見る（間接体験）	1　調べたいことを簡条 書きにし、幾つか選ぶ。 2　語尾「か」で終わる。 3　教師が発問する	1　地域の人、役場の人へ聞く 2　手紙やＦＡＸを出す 3　インターネット、書籍 4　お礼の仕方を必ず教える

B　TOSS向山型社会　調べ学習全体構造図（新学習指導要領、向山実践、向山氏の論文

A　新学習指導要領における調べ学習（解説152p）

＜1　情報を収集する技能　→　調査活動・諸資料＞
（1）調査活動（野外調査・社会調査）
①観点（数・量・配置等）②スケッチ・写真撮影③地図④行政
機関・事業者・地域住民への聞き取りやアンケート調査
（2）諸資料
①地図・地球儀（位置、形状、分布、面積）②年表（出来事・
時期・推移）③統計（傾向・変化）④新聞⑤図表⑥文書
①音声⑧動画⑨静止画⑩現物（様々な情報を読み取る）

＜2　情報を読み取る技能→情報全体の傾向性・必要な情報＞
（1）情報全体の傾向性
＜全体的な傾向1＞＝①位置　②分布　③広がり　④形状
＜全体的な傾向2＞＝①量　②変化　③区分　④移動
＜趣旨＞＝①博物館展示の配列　②郷土資料館等の展示配列
（2）必要な情報を選ぶ
＜事実を正確に読み取る＞＝①形状②色③数④種類⑤大きさ⑥名称
（地図＝⑦方位⑧記号⑨高さ⑩区分）（年表＝⑪年号⑫時期⑬前後関係）
＜有用な情報を読み取る＞＝①学習上の課題の解決につながる
情報②諸情報から目的に応じた情報を選別して読み取る
＜信頼できる情報を読み取る＞

＜3　情報をまとめる技能→基礎資料・分類・整理＞
（1）基礎資料＝①聞き取ってメモにまとめる②地図②ドットで
まとめる③数値情報をグラフにまとめる
（2）分類・整理＝①項目②カテゴリー→整理してまとめる
（年表にまとめる＝③順序④因果関係）（白地図にまとめる＝①位
置②方位③範囲）（イメージマップ・フローチャート＝①相互関
係）（情報機器でまとめる＝デジタル化した情報を統合・編集）

B　新学習指導要領解説　社会科編　重要キーワード

☆調べる466・調査102　計568（前＝499（399・100）+69 増
①主体的・対話的で深い学び＝資料から話し合い・調べ・討論へ
②知識・技能（地理・歴史・社会生活+調べまとめる技能）
③思考力・判断力・表現力等　④学びに向かう力・人間性（一員）

具体的な資料で調べ、事象の関係を考え、理解し、分かった
ことを表現し、社会の一員への理解が、流れの基本となる。
＜社会科とは事象間の関係がわかることが目的（岩田一彦）＞

＜TOSS向山型社会

＜以下
STEP1　内部情報の蓄
(1)社会科だけはばらば
①一人一人のばらば
②それらの体験が授
（例「水道」「自分の
③一人一人の体験が
(2)共通の体験にする（
ア　多くの情報
＜「1988年向

STEP2　課題の設定
(1)「すぐには答えの出
①学習問題を創らせ
②教師から発問する
(2)最後を「か」で終わり

STEP3　調べ方を考え
(1)全員が出来る調査
(2)調べる方法、情報を
（例　＜水道の水はど
「このことについて調べてい
べ方がわからない。どう調
①どの方法もいい
②何で調べたか紹
③新しく考え出し
(3)お礼のしかたは必ず
＜以上「授業の

STEP4　調べる　　（下
＜書籍＞(1)百科事典の使
＜人に聞く＞(1)練習し
＜インターネット＞(1)検
定(4)タイトル　作者　ド

STEP5　まとめる
（1）ノートに正しい
（2）結論を書かせる。
（3）見開き2Pにま

STEP6　再構成する
(1)KJ法　(2)一つ選

STEP7　表現する‥未
(1)作文・レポートに
(2)動画、ポスター、
(3)討論「雪国は損でな
＜情報を蓄積し、課題

への道筋」

実践の抽出及び新学習指導要領と調べ学習との関連」2019/06/29　梅田研修センター　**川原雅樹**

Ver. 3　　「調べ学習から討論（表現）への道筋」

設定→③調べ方を考える→④調べる→⑤まとめる→⑥再構成する→⑦表現する＞

④調べる	⑤まとめる	⑥再構成する	⑦表現する
1　家で調べる（多様） 2　調べたことをメモ 3　書籍（メモ） 4　メモを評価する	1　結論を書かせる。 2　見開き２P（評価） 3　集めて冊子にする 4　年表など	1　視点を変え、代表的な 　　○○を○つ選ぶ。 2　KJ法→１つ班で選ぶ 3　発問する「得か損か」	1　新聞、動画CM等 2　討論、発表 **3　未来予測（AI へ）** **→自分の地域へ**

のみで「調べ学習」「討論」に関連するものを構成）

調べ学習の基本的な流れ7（試案）＞

基本的に向山実践からの言葉のみ引用する＞
積
らの体験をもとにして学習している。
らな体験がたくさんあることが必要である。
業場面に反映されることが必要
家の使用量）自分自身の生活におきかえる）
広げる（買い物調べ、試食）
写真、スライドなどの間接体験
を見せる　　イ　現地の体験をさせる
山洋一氏「3年社会研究授業覚え書き」より引用＞

ない問題」を設定する。
、それを組み立てる（オーソドックな指導法）
（例【水はどこからくるのか】50M前、源）
せる。（問題の形になる。昔からの実践？）
る
方法を指示する（例　家の水道使用量）
集める方法をきちんと教えていく）
こからくるのか調べる方法を考える＞）
らっしゃいと教師が言うのは無責任だ。多くの子は調
べたらいいのか、教えなくてはならない。
と言って誉める
介する
た方法（電話など）をとりあげ、紹介する
教える（できたら葉書を書かせる）
知的組み立て方」（明治図書）向山洋一より引用＞
記は向山実践「明治時代」及び谷氏の実践）
方 (2) 書籍からどんどんメモ(4)何行メモしたか評価、
評価してから(2)関係機関には連絡(3)御礼の手紙
素エンジン指定(2)ひらがなソフト使用(3)ページの指
メインの意味(5)キーワード検索（一つ→変化→複数）
（下記「授業の知的組み立て方」より）
答えを書く欄を作っておく（例　水道）
　わからなかったら「わからなかった」と書く。
とめる（テーマ以外にわかったことなど）

ぶ　(3)発問に変換「揺」「誰」等＜向山実践＞
来予測・自分の地域を考える
書く（工業地帯の実践、明治時代、戦国時代等）
パンフレット、葉書（観光立国教育との関連）
いか」「多摩川は誰の物か」「元が攻めてきた」
を考え、調べる方法を考え、調べ、表現する＞

C　向山洋一氏　社会科教育の基本的な流れ

＜社会科教育85年12月号　基本的な流れ＞
1　はじめにある限定された場面の写真・表・絵・実
　物などを示し、できる限り**多くの考え**を発表させる
2　出された子どもの**意見を分類**する。（**学習課題**）
3　分類したいくつかの**課題**に対して、それを確か
　る授業をする。（子どもで困難な問題を取り上げる
4　それ以外の課題を子どもに調査させる（グループ）
5　調べたことを**発表させ討論**させる。（**表現**）
6　分かったこと　分からなかったことを確認する。
　（**課題に対する結論**を出させる。**整理**する）

＜社会科教育92年5月号　写真読取　最後は討論へ＞
A　写真読み取り能力育成の授業
　1　写真を見てわかったこと、気付いたこと、思っ
　　たことをノートにできるだけたくさん過剰書き
　2　発表させ、まとめる。
　3　他の見方を育てる発問をする。（雪小モデル）
B　本時目標達成の授業
　1　○○の**工夫**について発表しなさい（書く）
　2　調査活動をする（調べ学習）
　3　子どもの発表を分類しまとめる。
　4　**討論**をする。
　　　＜対立する意見に分類し討論させるのである＞

D　向山洋一氏　社会科授業の考え方

1　授業とは、子どものこれまでの内部蓄積を新しい
　刺激によって、ゆさぶり、新しい見方、考え方、
　知識を創り出すことと思っている。（全集47）
2　発問というのは、今まで見えなかったものを発
　見させることだ。できたら勉強の出来る子が間違
　え、できない子が正解するのが望ましい。
3　発問の条件「選択させる言葉」「発見させる言葉
　（社会科教育86年7月号　発問の法則を求めて）

E　向山洋一氏　討論の授業の条件

①多人数が存在する。②多人数は、ある問題を考えて
いる。③ある問題は、同一のものである。④みんな自
分の考えを持っている。⑤異なる集合に分けられる。
＜教師の役割は課題の選択（発問）と対立意見の整理＞

全体構造図で捉える！各学年・各単元の【話

2019,8,2　TOSS向山型社会セミナー in 東京

A　定義	<要件> = ①何を問うているのかがはっきりしていること　②簡潔に問うこと
文部科学省HPより	<ゆさぶる発問> ＝広義には、子ども達の学習に変化をもたらし緊張を誘う発問のこと 狭義には、 <質問と発問の違い>＝①「質問」は子供が本文を見ればわかるもの　②「発問」は子供の思考・ りだと学習意欲を低下させる　③一問一答とならず、子ども達の間でも関連発問がでるとよい（ピンポン
B有田和正の定義	発問は、子供の能力を基底にして、子供の追及活動を方向付けたり、刺激したり、規制し もに子供の意識や認識度によって左右される。（発問の目的）子供たちと、教材と新鮮な出
C 川原発社会科における良い発問8（2019,8,2）	①拡散する発問（写真のわきお、できるだけたくさん〇〇（例：徳川の世を長続きさせた政策）を書 ですか。どこを見ているのですか。何が聞こえますか。⑥どのように等「過程」を問う発問（岩田先生：例 る発問（写真のわきお、見学での目に付いた物）⑥どのように等「過程」を問う発問（岩田先生：例 で一番凄い工夫は何か、公平か不公平か）⑧自分の体験（地域）と比較できる発問（〇〇（自分の 【☆良い発問の成立条件】＝①子どもが盛り上がる　②社会事象の原因と結果がわかる

D－1　向山洋一氏「良い発問の条件」（「発問の法則を求めて」社会科教育86年7月号	D－2　岩田一彦氏「概念探求型社会科単
<①知覚語　②選択　③発見　④拡散　⑤集約（選択）> ①知覚語で問え（宇佐見寛氏の仮説が元）（例：バスの運転手さんは何 を見ていますか）②選択させる言葉で問え（例：車掌の笛は誰に聞かせ ていますか、ペリーはどちらまわりできたのですか、多摩川の水は誰の ものですか）③発見させる言葉で問え（例：写真のわきお、二つの資料 を比べて不思議だな変だな）☆追加：拡散的発問　→　集約的発問	①情報を求める問い（When, Where, Who, ②情報間の関係を求める問い（Why）→説 判断を求める問い（Which）→規範的知識 において中心をなす重要な課題である。① 豊富なものではなかった。この状況の転機 非常に大きい。この運動とのかかわりで、

☆発問で配慮したいこと＝①なぜ、どうしては禁句。難しくなり、教師でも答えられないことが多い。
④ムダな発問をして、子供の思考を混乱させないこと　⑤子供が考える時間も発問に含めること

E－1　　3年生の討論になる発問集	E－2　　4年生の討論になる発問集
1　わたしたちの市（高い所からの一望と見学） (1)あの看板の下には何があるかな。 (2)あの道とこの道とではどっちが高いかな。 (3)ぐるっと見渡して、分かったこと、気づいたこ と、思ったことをできるだけたくさん箇条書き にしなさい。（それぞれの方角の特徴は何？） (4)50m100ｍと離れると太陽はどれくいの大きさ に見えますか。 (5)市章（市のマーク）の意味は何？ 2　校区探検→校区地図作成（地図記号含む） (1)（学校には一本だけ作れる　かじめ書いてそ こを探検）周　りに見える物を書きなさい。 (2)家の周り→家から学校→地区の地図を合体→ 校区地図を完成させる（自然に討論に） (3)学校の地図記号は何学校？→高校は？→大学 は？（◎、(大)）などがつく） (4)消防の地図記号の「さすまた」どうやって火を 消していたの？ 3　生産と販売（農工業、スーパーマーケット） (1)イラスト→季節は？時間は？この店（工場） はもうかっているか？さぼっているのは誰？ 見学に行って目についたもの（一番凄い工夫） (2)未来の〇〇を絵と文で表そう。CM作り、新製 品作り。ポスター作り 4　火災と事故（警察署と消防署）一枚の写真から (1)白、青、オレンジ。どの色の人が一番先に来た？ (2)ここに見えていない人は誰？ (3)ここで邪魔な人は誰？ (4)不注意な人が多いから火事（事故）が多いんで すね（人の不注意もあり得る	1　　わたしたちの都道府県 (1)都道府県パンフレット作りを作ろう (2)観光動画・観光チャレランを作ろう (3)外国人に引っ越しを薦めるなら県のどの地方？ (4)引っ越すならどの地方？ (5)一番得な地方はどの地方（一番損は？） 2　安全と衛生（水やゴミ単元） (1)〇〇の旅→ゴミ箱の次は？その次は？（見学へ） 「例：水＝水道の1ｍ先は何があるの？その1ｍ先 は？元をたどっていくと一番の源はどこにいきつ くの？（地図帳で見せたい→流れる川を書こう） (2)一日にどれくらい水を使いますか？（ペットボトル） (3)一ヶ月なら　(4)お金にするとどれくらい？ (4)学校ではどれくらいの水を使うだろう（量・値段） (5)土地が増えるからゴミを沢山出すのか？ (6)このゴミを宇宙まで持って行くとゴミ問題は解決 するでしょうか。 (7)プラスチックゴミを捨て続けるとどうなるの？ →どうやったらプラスチックゴミは減りますか。 3　災害から人々を守る (1)写真を示して「災害前はどうか、これからどうな るか、現場はなにか、どうしたらいいか（役場・自衛隊） (2)地域であった一番大きな災害は何か→被害を少な くするにはどうしたらいいか。 (3)家にいるときに災害が起こったらどこを通ってど こに避難するのが一番安全ですか。 6　先人の働き (1)インタビュー聞き取り→見開き2 pにまとめる (2)あなたの地域の祭りはずっとこのまま続くと思い ますか。無くなってしまうでしょうか。

F　向山洋一氏「発問と指示の重要性」＝①指示が重要なのは「学習活動を集中させるため」②発問が

し合い・討論になる発問】集（向山型社会編）　TOSS社会　**川原雅樹**

③平易な言葉で問うこと　④主要な発問は、準備段階で「決定稿」にしておくこと

子ども達の思考や認識に疑念を呈したり混乱を引き起こすことによってより確かな見方へと導く発問のこと

認識過程を経るもの　③学年や場面によっては「質問」によって確認することが必要が、そればか型よりバレーボール型）　④答えが「はい・いいえ」「そうです・ちがいます。」とだけにならないようにする。

たりするものである。したがって発問は、教材のねらい、特質、構造などによって規制されるとと
会いをさせて、問題を確かに持たせ、追究の仕方を意識させ、追究的にすることをめざしている。

きなさい）②それを集約（選択）する発問（最も大切な物を選びなさい）③知覚語で問う（誰に聞かせるの?）(15年戦争で15の事件を選ぶ)（写真から順番を問う）（両者の比較：行くならどっちの時代）⑤発問させ：戦国時代「この人はどのように生きようとしましたか」⑦価値を問う発問（雪国の人は損では無いか、工場地域）に2mの大雪がふるとどうなるだろう。この写真はどの順番で人が来たのだろう）〈向山氏・有田氏より〉
③社会的な見方のコード（例：時間・場所・比較など）が身につく〈向山洋一氏・有田和正より〉

元構成と発問」(「社会科の授業分析」東書1993)	D－4　有田和正「子どもを動かす発問」「社会科発問の定石化」
What）→記述的知識（How）→分析的知識明的知識（社会の法則・原因と結果）　③価値（〜なので〜すべき）☆発問は社会科授業設計発問に中心を置いた授業研究の蓄積は必ずしも**に「教育技術の法則化運動」の果たした役割は**発問研究が数多く出るようになった	①思考を焦点化する発問（例：郵便屋さんの配達する道路はきまりはあるか）②思考を拡散する発問（例：元軍の船は誰が作ったのか、元の大軍はどんな人たちで構成さえていたのか）③思考を深化させる発問ー①比較させる　②因果関係に気付かせる③発展性や関連性に目をつけさせる④ささえられている条件に気付かせる（嬬恋村のキャベツは、春は低いところで夏は高い所まで作るという子供の意見を受けて）そんなばかなことはない。機械を使っていけが能率的。

参考書的になっていく　②簡潔明瞭で、子供の反応に即すること　③多様な反応が期待できること⑥反応の早い子供にのらないこと　（有田和正「発問の定石化」より）

E－3　5年生の討論になる発問集	E－4　6年生の討論になる発問集
1　日本の国土と領土（領土編）） (1)領土問題になっている島の名前を4つ言いなさい。（竹島、尖閣諸島、北方領土、沖ノ鳥島） (2)それぞれ4つの島は、どこと問題になっているのですか（北方領土：対ロシア、尖閣諸島：対中国、竹島：対韓国） (3)沖ノ鳥島は「対何」なのですか。（水没） (4)〈日本地図を反対にして〉①どの国が何に困りますか。②困らないようにするにはどうしたらいいですか。③他に方法はないのですか。 (5)択捉島とウルップ島の間をロシアはある乗り物を通したらしい。その乗り物は何で、理由は何か。（潜水艦。深い海溝がある。核戦争に対応する） (5)日本の範囲を囲みなさい。（排他的経済水域） 2　特色ある自然条件地域（寒い、暑い等）） (1)○○（雪国）の人は損ではないか (2)○○と○○、どちらに住みたいか。 (3)○○と○○、引っ越すならどっちか。 (4)消雪パイプから出るのは水かお湯か。 (5)パイナップルのなり方を絵にしなさい。 4　我が国の食糧生産 (1)○○はなぜ日本一になったか（自然条件のみでない）→（例：青森のリンゴ、高知の二期作） (2)教室の工業製品「工業製品でないものは何か (3)○○なら工業地帯だ、工業地帯なら○○だ 5　森林・公害防止 (1)公害問題と環境問題の違いは何か(2)サイクル図「プッツンしているのはどこ」(3) 6　水産業「日本はTACに参加すべきかどうか」 7　情報「AI先生に賛成か反対か」	1　日本国憲法 (1)学級憲法作り(2)日本と外国の憲法改正回数比較①世界中で明文化された憲法を持っているのは何カ国くらい？（80カ国くらい）②憲法の中に平和条項を持ってる国は何カ国くらい？（124カ国：西修）③世界の国々で今まで憲法改正した数は何回くらい？（アメリカ18、フランス16、イタリア14、ドイツ51、スイス132、日本0）④日本国憲法は、憲法の中でできた中が何番目に古いか（15番目）⑤日本より古い憲法を持つ国のうち、憲法改正を一度もしていない国は何カ国？（0）⑥日本は、平和憲法を持っていたから戦争を70年間したことがなかったという意見に賛成ですか反対ですか（70年間戦争をしたことがない国は日本も入れて8カ国。平和条項を持つ百数十か国は戦争） 2　日本の政治 (1)多摩川はだれのものか（地方公共団体と国の管轄①水は誰のものか　②魚は誰のものか　③遊び場は誰のものか） (2)選挙権18歳からにあなたは賛成か反対か。 (3)インターネット投票に賛成か反対か 3　日本の歴史 (1)地球の歴史「初めて上陸したのは植物か動物か」(2)狩り→牧畜、採集→農耕で生活はどう変わったか(3)タイムマシンで行くなら縄文・弥生どちら？(4)邪馬台国を探そう(5)奈良の大仏「どれくらいの人が銅を出したか」(6)平安鎌倉「土地を開墾するにはどうしたらごほうがか、無理矢理か」(7)戦国時代「一言で言ってどんな時代か」(8)徳川の代を続かせるために取った策は」（重要なものを選ぶ）(9)初めて黒船を見た日本人はどう思ったか、(10)本当に四民平等になったか(11)15年戦争の事件→止められるならどこか？

大切なのは「子供の考えを引き出すため」「向山洋一全集44　向山型社会研究の方法」（明治図書）

あとがき

「社会科の単著を書きませんか」

　樋口雅子氏より5年以上前から話をいただいていました。

　その度に「はい、書かせてください」と言いながら、ずっと書かずにいました。

　（返事だけで本当に申し訳ありませんでした……）

　今年になって、やっと重い腰をあげました。

　樋口氏には本当にご迷惑をおかけしました。

　今回の執筆にあたっても、樋口氏はじめ学芸みらい社の方々には本当にお世話になりました。

　感謝しかありません。

> 向山洋一氏の社会科を教育界に広める

　この使命を自分に課してきました。

　その第一弾を本書に書いたつもりです。

　ここ数年、夏のTOSS向山型社会セミナー前にネット上で連続講座を担当しました。

　新指導要領、普段の社会科授業、向山氏の実践などなどを書いてきました。

　本書はその講座がもとになっています。

　講座をしていて気がついたことがありました。

> 　社会科は決して暗記教科ではなく、発問・指示により、子供が調べたくなる魅力的な教科である。

　未来を創る教科でもあると感じました。

> 　1　写真の読み取り
> 　2　統計資料の読み取り
> 　3　地図帳を使った地名探し
> 　4　写真を使った地名当て
> 　5　百科事典を使った調べ学習
> 　6　見学で目についたものをすべて書き出す

これらの向山洋一先生の実践は、決して名人芸でなく、勉強さえすれば誰でもある程度できます。
　（もちろん、その一つ一つは奥深く、追究すればするほど、新たな発見があります。）

　例えば写真の読み取りです。
　教科書資料のほぼ半分は写真やイラストです。
　それらを読み取ることで、子供たちの中に疑問が生まれ、自然に討論、そして調べ学習と単元ができあがっていきます。
　更に、本書にある発問指示の原則を使えば、子供が熱中する授業ができます「未来を考える」場面を入れれば、子供全員に未来を考える機会を創ることができます。
　向山洋一氏の社会科は、現在の新指導要領のキーワード「主体的・対話的で深い学び」「社会的な見方・考え方」を実現し、子供が活動する授業となることに改めて気がつきました。

　そんな魅力に改めて気がつく連続講座の機会を与えていただいた久野歩先生、共に向山型社会を追究してきた先輩でもあるTOSS向山型社会事務局代表の桜木泰自先生、若い頃からご指導くださった谷和樹先生、TOSS向山型社会の冊子編集長の機会を与えていただいた吉田高志先生にこの場を借りて深くお礼申し上げます。

　本書はこのような多くの先生方に支えられながらなんとか書き上げることができました。
　まだまだ書き足りないこと、抜けていることもあります。
　それらを自分の実践を通して、現代の子供たち、さらには未来を見据えた社会科教育を創ることを自分に課して、第二弾、第三弾ができるよう決意し、筆をおきます。

2019年11月18日

川原雅樹

◎著者紹介

川原雅樹（かわはら まさき）

1967年神奈川県生まれ。その後宮崎県へ。
国立兵庫教育大学社会科コース卒。
兵庫県小学校教諭。TOSS向山型社会セミナー講師。
著書『ちょっと先輩がする小3担任へのアドバイス』（明治図書出版）、
編集『社会 授業の新法則3・4年生、5年生、6年生』（学芸みらい社）、
共著『向山型社会科授業づくりQ&A小辞典』他（明治図書出版）。
TOSS関西中央事務局B班、
現在、特別支援教育と社会科教育を中心に研究。
各地で講座などを行っている。

新指導要領必須事項が身につく!
社会科の授業設計
楽しい! 面白い! 調べ活動のヒント100

GAKUGEI
MIRAISHA

2020年1月20日　初版発行

著　者　川原雅樹
発行者　小島直人
発行所　株式会社学芸みらい社
　　　　〒162-0833　東京都新宿区筆笥町31筆笥町SKビル
　　　　電話番号 03-5227-1266
　　　　http://www.gakugeimirai.jp/
　　　　E-mail : info@gakugeimirai.jp
印刷所・製本所　藤原印刷株式会社
企　画　樋口雅子
校　正　米原典子／菅洋子
装丁デザイン・DTP組版　小沼孝至

ISBN978-4-909783 24-0 C3037